AF501722

VOLTAIRE

ET

ROUSSEAU

PAR

Eugène NOEL

AVEC UNE PRÉFACE

DE JULES LEVALLOIS

> La même peine qu'on prend à détracter ces grands noms, je la prendrois volontiers à leur prêter quelque tour d'épaule pour les hausser. Je ne feindrois pas de les recharger d'honneur; il faut croire que les efforts de notre invention sont loin au-dessous de leur mérite... et ne nous messieroit pas quand la passion nous transporteroit à la faveur de si saintes formes.
>
> (MONTAIGNE, *Essais*, liv. I, ch. XXXV.)

PARIS
IMPRIMERIE DE DUBUISSON ET Cᵉ.
Rue Coq Héron, 5.

Le volume que nous publions aujourd'hui était depuis longtemps annoncé sous le nom de notre très regrettable ami F. SAIN, dont la mort prématurée a si douloureusement affligé la démocratie. Tous ceux qui ont connu M. Sain savaient la noblesse de son cœur, l'élévation et la délicatesse de ses sentiments, et son intelligente sympathie pour les œuvres d'enseignement populaire.

Il y a quelques mois à peine, très souffrant de la longue maladie qui nous l'a enlevé, il léguait à M. EUGENE NOEL l'exécution du travail dont il avait conçu la pensée première, et auquel, à son grand regret, il se voyait forcé de renoncer.

Notre ami défunt a donc une sorte de collaboration morale dans ce livre, et c'est à ce titre que nous lui consacrons ces lignes de douloureux et affectueux souvenir.

Paris, le 18 décembre 1862.

H. LENEVEUX.

PRÉFACE

Puisque l'histoire populaire consacre aujourd'hui une de ses parties (la biographie morale) à exposer, dans son mouvement et son ensemble, l'existence intime des deux principaux écrivains du XVIIIᵉ siècle, c'est qu'elle les estime singulièrement dignes d'un tel honneur, c'est qu'elle les accepte en ce qu'ils ont d'incontestable et d'efficace. Aussi, sans vouloir exagérer l'importance de la présente publication, il me semble que, par cela seul qu'elle se produit actuellement, elle annonce une adhésion instinctive, elle équivaut presque à un jugement, — et à un jugement favorable.

On tient à connaître familièrement Voltaire et Jean-Jacques Rousseau, à déterminer l'accord qui règne chez eux entre la vie et les ouvrages ; on y tient d'autant plus que nous sommes nous-mêmes, de notre aveu raisonné, le résultat et le prolongement de leur œuvre. On veut donc — désir bien légitime — appuyer l'œuvre sur la vie, les paroles sur les actes, et chercher dans le détail des faits domestiques une garantie et une lumière de plus.

Toutefois, si l'on se bornait à dire purement et simplement que ce petit livre est une nouvelle affirmation de Rousseau et de Voltaire, on serait loin de lui donner sa véritable signification, et l'on ne se montrerait qu'à moitié juste envers l'auteur. Ce qui constitue l'originalité, l'attrait, et surtout le mérite éducateur du travail de

M. Eugène Noël, c'est que nous y voyons clairement comment l'esprit du XIXe siècle peut agréer et embrasser celui du XVIIIe, à condition, tantôt de le modifier, tantôt de le transformer ; comment Voltaire et Rousseau se concilient, et, au lieu de se neutraliser, se fortifient l'un l'autre dans la conscience d'un honnête homme de notre temps, et comment, en définitive, le meilleur parti que nous ayons à prendre à leur égard consiste à choisir, à conserver, à augmenter ce qu'ils offrent, je le répète, d'incontestable et d'efficace.

Ici, j'en conviens, se rencontre une difficulté sérieuse, s'élève une grave objection : « Que parlez-vous de parti à prendre, de choix à faire, s'écrieront quelques personnes plus ardentes que réfléchies, tout n'est-il pas bon dans Voltaire ? tout n'est-il pas bon dans Rousseau ? il n'y a envers eux qu'une ligne de conduite à suivre : c'est de les approuver, de les imiter si possible. Vous manquez de respect à ces grands hommes en vous permettant de les discuter ; vous offensez doublement leur mémoire, en essayant de décider, d'une façon plus ou moins arbitraire, ce qui, dans leurs écrits, doit périr ou subsister. Laissez à la postérité cette délicate besogne d'émondeur éclectique, et ne vous abandonnez pas aux hardiesses d'une critique prématurée. »

Je n'hésite point à le déclarer, ce langage me paraît être en plein désaccord, en pleine opposition, non-seulement avec le goût de la vérité, mais encore avec l'essence même de la démocratie. On reconnaîtra aisément qu'à ce dernier point de vue il présente de réels inconvénients.

En effet, qui ne se plaît à penser que le propre de la démocratie éclairée et organisée sera de plus en plus d'avoir des admirations et non des fétichismes, des croyances et non des idolâtries, des initiateurs, des guides, et non de jaloux dominateurs. Sans doute, il est indispensable qu'une démocratie possède l'intelligence et entretienne le culte de sa tradition, qu'elle éprouve pour ses précurseurs, ses prophètes, ses inspirateurs, une gratitude généreuse, un noble enthousiasme ; mais il faut veiller à ce que cette disposition (excellente en soi) ne tourne point à l'adoration aveugle. Ces égarements, ces déplacements de religiosité seraient funestes. On n'obtiendrait ainsi, — dans un ordre d'idées qui naturellement implique le libre assentiment et le libre examen, — on n'obtiendrait qu'un empressement dévotieux, un entêtement fanatique. On ferait ce que j'appelle du *catholicisme retourné*, on se flatterait d'avoir fondé une légende, l'on n'aurait inventé qu'une mythologie. Ce ne serait vraiment pas la peine d'humaniser les dieux pour s'évertuer aussitôt à diviniser les hommes.

Aimons les morts comme ils voudraient qu'on les aimât s'il leur était accordé de revenir parmi nous ; aimons Voltaire et Rousseau *raisonnablement :* c'est l'unique hommage qui soit de nature à les honorer. Eux-mêmes, les premiers, nous convieraient à ce discernement équitable entre les parties éteintes et les principes encore agissants, fécondants de leur philosophie. Mais l'objection résolue quant au fond n'en laisse pas moins entière la difficulté d'exécution. Lorsqu'on a fini par admettre qu'un choix est nécessaire et légitime, on se demande avec embarras de quel point il faut partir, quelle méthode il faut employer, quelle règle observer.

Voilà deux hommes qui, venus à une certaine époque, ont été frappés et révoltés des imperfections, des vices, des servitudes de cette époque, et qui, s'instituant à la fois adversaires et juges, ont entrepris contre les formes politiques et religieuses de leur temps une lutte à outrance. Forts de leur droite intention, soutenus par leur conscience, poussés par le vague instinct d'une mission à remplir, confiants en la justice de leur cause, doués d'une intelligence incomparable, ils ont mis en usage, avec autant d'habileté que de persévérance, toutes les armes, toutes les ressources, toutes les puissances de l'esprit. Chose rare et qui témoigne en leur faveur, qui les met au rang des génies utiles ; leur négation a eu sa fécondité ; elle appelait et contenait une affirmation. Ils ont non-seulement combattu l'erreur, ils lui ont aussi substitué, dans la mesure de leur science et de leur influence, quelques précieuses parcelles, quelques beaux rayons du vrai.

Mais, je l'ai dit, c'étaient des hommes, surtout c'étaient des combattants. S'ils ressentirent peu de défaillances, si la notion de leur tâche leur demeura toujours claire et ne subit point d'éclipse, ils eurent leurs incertitudes de direction, leurs tâtonnements, leurs moments de crise, leurs jours d'excès. C'est le cas de répéter et d'appliquer le vieux mot : A la guerre comme à la guerre. De là, les agitations, les hasards, les inégalités, les soudaines alternatives de leur existence, bien des fautes plus apparentes que réelles, de fâcheux entraînements de polémique, des paroles téméraires, d'audacieuses démarches; de là aussi la complexité passionnée de leur production. Ainsi s'expliquent *Candide* et *la Pucelle*, à côté de l'*Essai sur les mœurs* et du *Dictionnaire philosophique;* les *Lettres de la Montagne* et les *Dialogues*, auprès des *Rêveries*, des *Confessions* et de l'*Emile*.

Ajoutons enfin qu'ils ont triomphé, et que l'étendue même de leur victoire nous dérobe la plus grande partie des obligations que nous avons contractées à leur égard. Il en est de l'ancien régime comme de la Bastille : la Révolution les a si terriblement bouleversés et détruits, qu'on ne se les représente plus et que l'on n'en a pas suffisamment horreur. Nous manifestons même, en ce qui concerne le passé, — ce passé-là, — une sentimentalité assez puérile et qui avoisine le ridicule. Par une illusion d'optique malheureusement trop fréquente dans les choses morales, les ruines nous cachent les constructions nouvelles, ou plutôt, avouons-le nettement et marquons la différence, les ruines sont visibles et matérielles, tandis que les forces destinées à les remplacer sont spirituelles et invisibles. Certes, on ne voit pas, on ne touche pas la raison, le sentiment religieux; ce sont pourtant des réalités avec lesquelles on doit compter; ce sont les éléments constitutifs, les moyens d'action et d'éducation que Voltaire et Rousseau ont légués au XIXe siècle.

Ce qu'il y à d'incontestable et d'efficace dans leur œuvre, nous le savons maintenant ; nous avons dégagé ces deux dominantes caractéristiques, — la raison et le sentiment religieux. Si nous voulons faire un choix, voilà sur quoi, sans crainte de nous égarer, nous pouvons nous guider désormais. Pour sortir de ces labyrinthes de cinquante, de cent volumes, nous possédons le fil d'Ariane. A coup sûr, ce n'est point moi qui ai découvert cela, et je ne songe nullement à m'en attribuer le mérite : mais en nos temps troublés, où l'hypocrisie florissante favorise les lâchetés de cœur et le vertige d'esprit, on ne saurait trop insister sur certaines vérités utiles, comme on aiguise avec soin les bonnes épées de combat.

Le service que Voltaire a rendu et *continue de rendre* à l'humanité, c'est d'avoir vulgarisé la raison. Grâce à lui, elle nous est devenue familière, habituelle, indispensable ; elle est entrée en quelque sorte dans notre humeur et dans notre sang. Il est permis de l'affirmer sans exagération : en Europe, depuis Voltaire, tout un ordre d'absurdités est radicalement impossible, et qui dit absurdités dit atrocités, car tout sectaire imbécile est doublé d'un furieux persécuteur.

Le service que Jean-Jacques Rousseau a rendu et *continue de rendre* à l'humanité, c'est d'avoir sécularisé le sentiment religieux. Il n'a porté d'atteinte directe qu'au sacerdoce. Il s'est attaché à réduire le nombre et à restreindre l'autorité des intermédiaires qui se plaçaient entre Dieu et l'homme. Il a été le plus fervent et le plus éloquent apôtre de la religion intérieure. En ce sens, nous devons considérer Rousseau comme l'introducteur, comme le prédécesseur de Channing. L'unitarisme est en germe et plus qu'en germe ; il est déjà presque complétement formulé dans la *Profession de foi du Vicaire savoyard*. Si la question religieuse est la plus importante de notre temps (et c'est, je crois, l'opinion de la plupart des hommes sérieux), peu d'écrivains sont plus dignes d'attention et de sympathie que Rousseau. Lui seul a bien vu que la polémique ardente n'agissait qu'à très courte distance et ne comportait, pour être tolérable, qu'une médiocre durée. Il a compris que, devant le cœur de chacun de nous transformé en un temple, en un autel sacré, les nécessités et les hiérarchies pontificales s'évanouissaient. Enfin, il a établi jusqu'à l'évidence que la voie la plus simple, la plus logique qui nous fût ouverte vers Dieu, — en dehors du Médiateur, — c'était la prière immédiate.

A résumer ma pensée sur ce point, je ne balance pas à maintenir cette double assertion : nous avons le goût, le besoin et l'habitude de la *religion raisonnable :* c'est à Voltaire que nous devons ce bienfait ; nous avons la pratique, l'intelligence et l'amour de la *raison religieuse :* nous en sommes redevables à Rousseau. Le *Dictionnaire philosophique* et l'*Emile*, en se rejoignant et se complétant, n'ont fait de tort irréparable qu'à l'athéisme et à la superstition.

S'il me fallait fournir une preuve vivante du résultat que j'avance, si l'on me demandait de montrer dans l'âme d'un de nos contemporains l'étroite alliance, la parfaite fusion des directions parallèles, mais non opposées, où s'avança le XVIIIe siècle, je produirais et nommerais sur-le-champ M. Eugène Noël. Il n'y a rien d'étonnant à ce qu'il ait enlevé et réussi ce livre, il était né pour l'écrire.

M. Noël est fidèle à la tradition voltairienne par sa gaieté sincère, sa promptitude de jugement, son aimable légèreté de plume ; cela lui vient de Ferney, c'est sa part d'héritage. Il se rapproche davantage de Jean-Jacques par le sentiment vif de la nature, par la sensibilité (beaucoup plus vraie d'accent que celle du philosophe), par la chaleur des convictions démocratiques, par la profonde émotion religieuse. Et qu'on ne se méprenne point sur ma pensée. Je suis loin de prétendre que M. Eugène Noël se soit *fait et fabriqué* d'après les ouvrages de Rousseau et de Voltaire, que ses qualités soient acquises et artificielles. Ce serait une sottise, presque un blasphème. Personne, au contraire, plus que lui, n'est spontané, naturel, ennemi de cette *suffisance livresque* dont parle Montaigne. Assurément l'auteur de *Pierre Carlu* (un joyeux roman de campagne, que nous attendons avec impatience) eût été gai, tendre et délicatement ému, sans avoir besoin d'imiter Voltaire et Rousseau (qu'il a lus cependant et de très près), il avait assez de ressources intimes pour se passer d'excitation étrangère et de secours.

Non, ce que je veux dire, c'est que le courant qui, du XVIIIe siècle vient encore jusqu'à nous, a merveilleusement répondu à ses désirs intellectuels et moraux. Cet air lui a été bon : il a respiré avec délices cette atmosphère vivifiante, s'en est pénétré, imprégné. Avec tout cela, très distinct de vues, de but et de langage, très affranchi et maître de soi. Ce qui fait le charme et la valeur de M. Eugène Noël, c'est, au milieu de ses séduisantes et captivantes études, d'avoir su demeurer libre, original et de son temps. Il nous personnifie dignement, aujourd'hui, non pas le disciple, mais l'*ami* clairvoyant et ferme du XVIIIe siècle parmi nous.

Il est fort à désirer que ce nouvel hommage à la mémoire de Voltaire et de Jean-Jacques Rousseau, en réveillant, en ravivant de nombreuses sympathies, encourage les possesseurs de papiers émanant de ces hommes illustres ou relatifs à leur biographie à communiquer et à répandre ce trésor. Il y a là une obligation morale que tout le monde ne comprend pas, n'accepte pas également.

Soyons avides de renseignements inédits. En ce qui touche Rousseau, je me suis trouvé à même, depuis quelques années, de constater quelle sécurité de marche, quelle facilité de recherche, quelle inestimable somme d'indications apporte à l'histoire critique la connaissance de documents intimes, dédaignés, oubliés ou ajournés. Sous ce rapport, il n'y a jamais de superfluité ni de luxe ; il n'y a rien d'insignifiant, de surabondant, d'inutile. Je sais des branches considérables, capitales de la Correspondance de Voltaire qui sont entre les mains de personnes respectables, mais pieuses à l'excès, hésitantes sur ce qu'elles en doivent faire, et d'une conscience tellement scrupuleuse qu'elles craignent, en publiant ces lettres, d'augmenter le trouble et le malaise des esprits. Ce serait à nous autres libres penseurs, philosophes, voltairiens, déistes (si nous savions nous entendre), de raffermir, de rassurer ces personnes, de calmer leurs inquiétudes, de les presser d'une douce violence, d'obtenir et de hâter cette publication.

Mais, en bonne foi, je crains, à l'heure qu'il est, d'employer des mots vides de sens et qui ne correspondent à aucune réalité. S'il y avait encore des philosophes, et si au lieu d'être dispersés, isolés, effarouchés, en méfiance les uns des autres, ils formaient une communion (au moins spirituelle), est-ce qu'ils auraient laissé détruire l'Ermitage? est-ce qu'ils ne posséderaient pas les Charmettes? Rappellerai-je Ferney, où bientôt (si l'on n'y met ordre) il ne restera plus trace ni vestige du patriarche? Est-ce qu'une souscription *voltairienne* ne devrait pas le protéger, le racheter, le sauver? Est-ce qu'il n'irait pas de notre honneur à le revendiquer comme propriété inaliénable de l'esprit national? Cela vaut bien quelques milliers de francs? Et puis, chez une nation qui ne s'étonne ni ne se scandalise du *Denier de saint Pierre*, il serait curieux et instructif de voir ce que produirait le *Denier de Voltaire*.

Sèvres, 22 décembre 1862.

Jules LEVALLOIS.

VOLTAIRE ET ROUSSEAU

I

Opinions contemporaines sur Voltaire et Jean-Jacques.

— Comptez que de tous ceux qui vous ont lu, personne ne vous estime mieux que moi, malgré mes mauvaises plaisanteries.

(VOLTAIRE à JEAN-JACQUES.)

— C'est pour rendre mon admiration plus digne de vos ouvrages que je m'efforce de n'y pas tout admirer.

JEAN-JACQUES à VOLTAIRE.

S'il est vrai que la gloire de Voltaire, dégagée, grâce à Dieu, du culte des voltairiens, ait repris depuis quelques années un éclat nouveau, il ne l'est pas moins que Rousseau, auprès de nos plus fermes esprits, a perdu de son autorité. J'en citerai pour preuve l'opinion de deux écrivains justement célèbres, mais très différents l'un de l'autre : Béranger et Proudhon.

Béranger disait :

— Dans les moindres pamphlets de Voltaire, on sent un grand cœur qui s'agite pour défendre une cause sacrée ; quelque arme qu'il emploie, son émotion est toujours vraie, et toujours il a pour but la justice... Rousseau m'enthousiasmait à vingt ans, mais toute sa chaleur n'est que chaleur de tête ; il se laisse emporter à sa fougue sans s'inquiéter trop si cette éloquence servira ou non la cause qu'il défend ; ce qu'il veut, c'est montrer son génie, c'est se produire lui-même. Voltaire, au contraire, ne pense qu'à l'objet qui l'inquiète et s'y dévoue sans prononcer jamais le mot de dévouement ; il prend tous les rôles, joue tous les personnages, ment, intrigue, cabale s'il le faut, met de côté sa dignité personnelle, s'oublie lui-même, tant sa passion est vraie pour la cause qu'il défend.

— Mais, lui disait-on, *le Vicaire savoyard*, la *Lettre à l'archevêque de Paris*...

— Oui, répondait-il, il y a là de belles pages ; mais l'auteur n'en est pas moins un homme dont la tête est plus émue que le cœur... Il se passionne pour des idées abstraites ; Voltaire, au contraire, écarte les abstractions, ne s'inquiète que de l'homme, etc.

Proudhon, dans son livre *De la justice dans la Révolution et dans l'Eglise* (tome III, page 380), s'est exprimé ainsi :

— « Le bon sens public et l'expérience ont prononcé définitivement sur Jean-Jacques : caractère faible, âme molle et passionnée, jugement faux, dialectique contradictoire, génie paradoxal, puissant dans sa virtualité, mais faussé et affaibli par ce culte de l'idéal qu'un instinct secret lui faisait maudire.

» Son discours sur les *Lettres et les arts* ne contient qu'un quart de vérité, et ce quart de vérité il l'a rendu inutile par le paradoxe. Autant l'idéalisme littéraire et artistique est favorable au progrès de la justice et des mœurs, quand il a pour principe et pour but le droit, autant il leur est contraire quand il devient lui-même prépondérant et qu'il est pris pour but voilà tout ce qu'il y a de vrai dans la thèse de Rousseau ; mais ce n'est pas ainsi qu'il a vu la chose ; son discours est une déclamation que l'amour du beau style, qui commençait à faire perdre de vue l'idée, put faire couronner par des académiciens de province, mais qui ne mérite pas un regard de la postérité. Le *Discours sur l'inégalité des conditions* est une aggravation du précédent. Si Rousseau est logique, c'est dans l'obstination du paradoxe, qui finit par lui déranger la raison. La propriété n'est en fin de compte qu'un problème de l'économie sociale. Et, voyez la misère de l'écrivain, tandis que l'école physiocratique fonde la science précisément en vue de résoudre le problème. Rousseau nie la science et conclut à *l'état de nature*.

» Son déisme, suffisant pour le faire condamner par les catholiques et les réformés, est une pauvreté de théologastre, que n'osèrent fustiger, comme elle méritait de l'être, les chefs du mouvement philosophique, accusés par l'Église et par Rousseau lui-même de matérialisme et d'immoralité : justice est faite aujourd'hui de *l'état de nature* et de la *religion naturelle*.

» L'*Héloïse* a relevé l'amour et le mariage, j'en tombe d'accord, mais elle en a aussi préparé la dissolution. De la publication de ce roman date, pour notre pays, l'amollissement des âmes par l'amour, amollissement que devait suivre de si près une froide et sombre impudicité.

» Les *Confessions* sont d'un autolâtre parfois amusant, mais digne de pitié; quant au style, excellent par fragments, toujours correct, il est fréquemment déshonoré par l'enflure, la déclamation, la raideur et une affectation de personnalité insupportables. Rousseau a ajouté à la gloire de notre littérature; mais, comme pour le mariage et l'amour, il en a commencé la décadence.

» En somme, et cette observation est décisive contre lui, Rousseau ne comprend ni le mouvement philosophique, ni le mouvement économique; il ne devine pas, comme Diderot, l'avenir glorieux du travail et l'émancipation du prolétariat, dont il porte si mal la livrée; il n'a pas, comme Voltaire, l'esprit de justice et de tolérance; il reste fermé au progrès, dont tout parle autour de lui; il ne comprend, il n'aime seulement pas cette liberté dont il parle sans cesse: son idéal est la sauvagerie, vers laquelle le retour étant impossible, il ne voit plus, pour le salut du peuple, qu'autorité, gouvernement, discipline légale, despotisme populaire, intolérance d'église, comme un mal nécessaire.

» L'influence de Rousseau fut immense cependant; pourquoi? Il mit le feu aux poudres que depuis deux siècles avaient amassées les lettrés français. C'est quelque chose d'avoir allumé dans les âmes un tel embrasement: en cela consiste la force et la virilité de Rousseau. »

Tout ceci part d'un cœur équitable et sincère;

Mais ces sévérités ne sont-elles pas plutôt applicables aux livres de Jean-Jacques qu'à Jean-Jacques lui-même? Ces livres, après un siècle, au point de vue pratique et pris à la lettre, peuvent paraître défectueux et le sont en effet; mais ils ont allumé dans le monde une flamme qui ne s'éteindra point. Sans doute, cette flamme a créé pour notre âme des dangers nouveaux, mais elle lui a valu aussi des félicités et des gloires inconnues.

La plupart des écrits de Jean-Jacques ont fini leur temps; mais n'en peut-on pas dire autant de quelques écrits de Voltaire? Son théâtre a-t-il aujourd'hui plus d'intérêt que le *Contrat social* ou les *Lettres de la Montagne?* Dans les comparaisons que l'on fait de l'un et de l'autre, on devrait voir que, dans une tâche commune, ils ne se servirent ni des mêmes moyens, ni de la même langue. Voltaire est à la fois le plus charmant et le plus puissant causeur qui ait jamais été: mais Rousseau commença par être musicien, il arriva à la réputation par le chant, je veux dire par un opéra : *le Devin du Village*, et il devait terminer sa carrière bien moins en publiciste qu'en anachorète, se faisant dans la solitude le disciple du philosophe, du savant le plus religieux, le plus candide du XVIIIe siècle, de Linné. La nature et la musique avaient de tout temps enchanté son âme; il y a en lui plutôt du Méhul que du Démosthènes; aussi, dans ses écrits, aux moments mêmes où la passion l'emporte, il reste préoccupé de l'harmonie de la phrase, qu'il tourne, retourne de cent façons différentes. Ses lettres au libraire Marc-Michel Rey, récemment publiées, offrent cent preuves de cette préoccupation musicale : il croit raisonner, il chante. Ecoutez cette période harmonieuse, vous y reconnaîtrez les ineffables mélodies de Suisse et de Savoie, le ranz des vaches et parfois les tempêtes alpestres.

M. Alexis Azevedo, dans un feuilleton sur *Jean-Jacques Rousseau musicien* (22 juillet 1862), dit très bien :

« L'amour de la mélodie est assurément le trait le plus saillant de la vie Jean-Jacques. En toutes choses, il a parfois des défaillances, des incertitudes, des moments d'hésitation douloureuse ; avec la mélodie, il ne varie jamais. C'est une passion constante, pleine, inaltérable, qu'il exprime sans cesse ; mais aussi comme la mélodie sut le payer de retour ! Elle fut sa consolation, son soutien, le flambeau de son style, le germe de son originalité, sa véritable, sa seule compagne, qui le suivit partout, et surtout dans sa prose, où elle chante impérissablement *. »

La plume à la main, devant son papier, Jean-Jacques n'écrit pas, il joue du clavecin ; il croit ou rectifier ou réfuter la philosophie de son temps, il la met en musique, lui prête les futurs accents de la *Marseillaise*, et l'univers entier la chante.

* Cette « passion constante » dont parle si bien M. Azevedo, se retrouve dans les moindres traits de la vie de Jean-Jacques ; il avait choisi pour cachet une lyre ; c'est bien là en effet l'emblème de cette âme qui a laissé au monde l'éternelle mélodie des Charmettes.

Pour être vraiment juste, il faut presque toujours s'en tenir, avec Jean-Jacques, aux enchantements du langage. C'est là qu'il se mettait tout entier, et c'est par là aussi qu'il eut sa puissante influence. Il y a d'ailleurs en lui du mysticisme, sentiment qui ne se peut vraiment exprimer que par une tendresse silencieuse devant la nature, et, au milieu des hommes, que par des actes d'une infinie bonté. La parole, loin de le traduire, le dénature ou le tue. Un seul art sait en interpréter les élans, et cet art, c'est la mélodie. Rousseau s'applique donc à la faire passer dans l'éloquence et le style. Malheureusement le mysticisme est de tous les sentiments humains le plus dangereux et le plus aisément affolable : il produit ces maladies de l'âme sombres et cruelles qui sont l'éternelle plaie de toutes les religions. Proudhon a donc raison de voir, dans l'influence de Jean-Jacques, un écueil pour la Révolution ; mais sans lui cependant, sans les flammes du *Vicaire savoyard*, se fût-elle allumée d'une façon si rapide et si universelle ? Il fut donné à Rousseau de soulever les âmes, non de les diriger.

Dans la lutte formidable du XVIIIe siècle contre l'ancien monde, à l'heure où les philosophes (si l'on en excepte Voltaire) semblaient disposés à jeter à la mer, pour alléger leur marche, plusieurs des sentiments les plus mystérieux et les plus sacrés de notre âme, Jean-Jacques s'en proclama le défenseur ; mettant en pratique l'admirable mot de Voltaire : « Je ne veux pas être philosophe, je veux être homme » *, il fit sentir

* Dictionnaire philosophique, au mot *Dieu*.

à cette société aristocratique et lettrée la puissance de la pauvreté, la sainteté de l'ignorance, telle qu'on la trouve chez l'enfance et chez les sociétés primitives : — Qu'appelez-vous ignorance, disait-il, en des êtres à qui Dieu a donné la conscience? — L'ignorance, selon Rousseau, n'était née que de nos prétendues instructions; elle était un fruit de l'art et non de la nature. Nos éducateurs, moines et pédagogues, avaient déformé les cerveaux au dedans, comme les Caraïbes les déforment au dehors. Toute l'éducation, depuis des siècles, n'avait été qu'un long hébètement de l'espèce humaine. Les philosophes feraient-ils mieux que les moines? Jean-Jacques eût eu raison d'en douter, si les philosophes avaient formé dans le monde une caste à part; mais la philosophie, au XVIIIe siècle, n'eut d'autre but que d'ouvrir à tous les portes sacrées. (Voyez l'admirable Préface de l'*Encyclopédie*, écrite par d'Alembert). N'était-ce rien pour fortifier une âme que ces sciences et ces arts, qui, dans sa jeunesse, avaient enchanté Rousseau lui-même? Et ces sciences révélatrices des lois de la nature ne devaient-elles en rien augmenter la puissance de l'homme? Rousseau, malade d'abstraction et de mysticisme, ne comprit pas que, par les sciences, allait se fonder la royauté du travail. En ceci, ses rêveries étroites n'étaient guère moins dangereuses que l'oisiveté monacale. Aussi, avec son sens exquis de la réalité, Voltaire s'écriait : « Rousseau est donc un père de l'Eglise? » Le travail, on le sait, était pour Voltaire l'objet d'une préoccupation constante :

Le travail est mon Dieu, lui seul régit le monde.

En vers et en prose, il y revient sans cesse :

» O philosophes ! les expériences de physique bien constatées, les arts et métiers, voilà la vraie philosophie. Mon sage est le conducteur de mon moulin, lequel pince bien le vent, ramasse mon sac de blé, le verse dans la trémie, le moud également et fournit à moi et aux miens une nourriture aisée. » (*Dict. philosoph.*, au mot *Xénophanes*.)

Du reste, ne soyons pas trop absolus dans nos jugements, et n'oublions pas que Rousseau aussi proclama la nécessité du travail ; qu'au grand étonnement de ses contemporains, il osa donner aux nobles de son temps l'étrange conseil de faire apprendre un métier à leurs enfants : — « Vous vous fiez, disait-il, à l'ordre actuel de la société, sans songer que cet ordre est sujet à des révolutions inévitables, et qu'il vous est impossible de prévoir et de prévenir celle qui peut regarder vos enfants. Le grand devient petit, le riche devient pauvre, le monarque devient sujet : les coups du sort sont-ils si rares que vous puissiez compter d'en être exempts ? Nous approchons de l'état de crise et du siècle des révolutions. Qui peut vous répondre de ce que vous deviendrez alors ?... »

Voilà pourquoi il fit de son *Emile* un menuisier. Mais ces doctrines des deux hardis philosophes étaient alors si nouvelles qu'elles firent presque le scandale du siècle.

II

Hardiesses philosophiques et timidités littéraires. — Le théâtre au XVIIIe siècle. — Œuvres scientifiques de Voltaire appréciées par lord Brougham.

> .... On s'adresse aux peuples; ils écoutent; ils ouvrent à demi les yeux; ils se défont de quelques erreurs, ils reprennent un peu de leur liberté, cet apanage, ou plutôt cette essence de l'homme dont on les avait dépouillés. On peut donc, en parlant, en écrivant, rendre les hommes plus éclairés et meilleurs.
>
> (VOLTAIRE, *Homélie sur la superstition.*)

Voltaire, né en 1694, n'était que de dix-huit ans plus âgé que Jean Jacques; mais en réputation il le devança de plus d'un demi-siècle. Déjà, dans vingt volumes, il avait éclairé d'une lumière éclatante les abus du vieil ordre social, lorsque Rousseau y porta l'incendie par le *Discours sur l'inégalité*. A partir de cette heure, quoique placés à des points de vue différents, les deux invincibles réformateurs iront s'animant, se fortifiant l'un par l'autre : et leur désaccord apparent, dans une tâche commune, donnera au XVIIIe siècle sa singularité et sa grandeur. Malgré son existence agitée, tour à tour horloger, laquais, scribe, secrétaire d'ambassade, musicien, Jean-Jacques était depuis vingt ans le lecteur le plus attentif et le plus enthousiaste de Voltaire, lorsque lui-même, après le succès du *Devin du village*, il voulut prendre part à la mêlée formidable où combattaient, avec l'auteur de *Zaïre*, Montesquieu, Buffon, d'Alembert, Diderot..... Chose curieuse ! son entrée en scène fut le signal d'une révolution dans tous les esprits, et surtout dans l'esprit de Voltaire. Jusqu'à cette apparition de Jean-Jacques, en effet, l'auteur de *la Henriade* conserve dans ses œuvres on ne sait quoi de suranné qui étonne de la part d'un homme que l'on sent au fond si ardent et si jeune. Doué, dans sa pensée, d'une intrépidité sans exemple, il s'en tient cependant avec soin aux formes convenues et conserve des allures écolières : il renverse l'Eglise, mais il respecte l'Académie et n'oserait innover dans aucun des genres littéraires illustrés au siècle précédent. Lui qui, dans ses pamphlets, ses contes, ses romans, ses livres d'histoire et de philosophie, sait si bien appeler les choses par leur nom, il conserve dans ses tragédies le *style noble*, la périphrase inventée au siècle précédent : il dira dans *Alzire* :

On presse le secours
De cet art inventé pour conserver nos jours ;

au lieu de dire tout simplement que l'on appelle à la hâte un médecin. Mais le mot *médecin* était alors banni du style noble.

A la fois disciple soumis et novateur plein d'audace, il compose à vingt ans, pour abaisser la puissance cléricale, une tragédie cornélienne, *Œdipe*, œuvre d'imitation, presque oubliée de nos jours ; mais à la même époque et pour le même but, il crée une poésie sans exemple, le pamphlet en vers, où pendant soixante ans nous le verrons aller de chefs-d'œuvre en chefs-d'œuvre. Qu'on relise, parmi les premiers contes de sa jeunesse, celui qu'il intitule *la Mule du Pape* *, et qu'on juge s'il sait se montrer libre et de forme et de fonds.

Mais s'il reste au théâtre l'écolier timide de ses devanciers, s'il n'a pas dans la tragédie plus d'initiative que son contemporain Crébillon, il a ce que n'a pas Crébillon, la grandeur du but. C'est pour les diriger qu'il veut plaire à ses contemporains, et pour leur plaire il donne à ses pièces la forme précise qui seule peut éveiller chez eux l'enthousiasme ; il leur continue Racine et Corneille, et leur semble même les égaler quelquefois (voyez la Harpe, le P. Tournemine et tous les mémoires du temps) ; mais loin d'être dupe de leur enthousiasme, il sent bien que l'art dramatique est en décadence. Dans plusieurs endroits de ses lettres aux d'Argental, il s'écrie : « Le tripot périt, mes chers anges. » Cependant il se rend compte assez mal des vraies causes de cette décadence.

Rousseau, au contraire, comprendra que ces plaisirs exclusifs, destinés aux seules classes aristocratiques, ont fini leur temps ; que l'admirable théâtre du siècle de Louis XIV, très en harmonie avec le petit monde choisi de Versailles, n'est plus ce qui convient aux foules plébéiennes s'éveillant à la vie. Malgré ses paradoxes, ses déclamations d'école, Rousseau fut, en ceci, le vrai prophète des fêtes et des spectacles modernes ; écoutons-le dans sa lettre à d'Alembert, lorsque, après avoir protesté contre l'insuffisance des théâtres d'alors, il s'écrie :

* Voir les notes à la fin du volume.

« Ne faut-il donc aucun spectacle dans une république *? Au contraire, il en faut beaucoup ; c'est dans les républiques qu'ils sont nés, c'est dans leur sein qu'on les voit briller avec un véritable air de fête. A quels peuples convient-il mieux de s'assembler souvent et de former entre eux les doux liens du plaisir et de la joie, qu'à ceux qui ont tant de raisons de s'aimer et de rester à jamais unis? Nous avons déjà plusieurs de ces fêtes publiques ; ayons-en davantage encore, je n'en serai que plus charmé. Mais n'adoptons point ces spectacles exclusifs, qui renferment tristement un petit nombre de gens dans un antre obscur ; qui les tiennent craintifs et immobiles dans le silence et l'inaction ; qui n'offrent aux yeux que cloisons, que pointes de fer, que soldats, qu'affligeantes images de la servitude et de l'inégalité. Non, peuples heureux, ce ne sont pas là vos fêtes : c'est en plein air, c'est sous le ciel qu'il faut vous rassembler, et vous livrer au doux sentiment de votre bonheur. Que vos plaisirs ne soient efféminés ni mercenaires, que rien de ce qui sent la contrainte et l'intérêt ne les empoisonne, qu'ils soient libres et généreux comme vous, que le soleil éclaire vos innocents spectacles ; vous en formerez un vous-mêmes, le plus digne qu'il puisse éclairer.

» Mais quels seront enfin les objets de ces spectacles? qu'y montrera-t-on? Rien, si l'on veut. Avec la liberté, partout où règne l'affluence,

* Il s'agit, bien entendu, de la République de Genève.

le bien-être y règne aussi. Plantez au milieu d'une place un piquet couronné de fleurs, rassemblez-y le peuple, et vous aurez une fête. Faites mieux encore : donnez les spectateurs en spectacle : rendez-les acteurs eux-mêmes ; faites que chacun se voie et s'aime dans les autres, afin que tous en soient mieux unis. Je n'ai pas besoin de renvoyer aux jeux des anciens Grecs : il en est de plus modernes, il en est d'existants encore, et je les trouve précisément parmi nous (*à Genève*). Nous avons tous les ans des revues, des prix publics, des rois de l'arquebuse, du canon, de la navigation. On ne peut trop multiplier des établissements si utiles et si agréables : on ne peut trop avoir de semblables rois. Pourquoi ne ferions-nous pas, pour nous rendre dispos et robustes, ce que nous faisons pour nous exercer aux armes ? La République a-t-elle moins besoin d'ouvriers que de soldats ? Pourquoi, sur le modèle des prix militaires, ne fonderions-nous pas d'autres prix de gymnastique, pour la lutte, pour la course, pour le disque, pour divers exercices du corps ? Pourquoi n'animerions-nous pas nos bateliers par des joutes sur le lac ? Y aurait-il au monde un plus brillant spectacle que de voir sur ce vaste et superbe bassin des centaines de bateaux élégamment équipés, partir à la fois, au signal donné, pour aller enlever un drapeau arboré au but, puis servir de cortége au vainqueur revenant en triomphe recevoir le prix mérité ? Toutes ces sortes de fêtes ne sont dispendieuses qu'autant qu'on le veut bien, et le seul concours les rend assez magnifiques... »

Rousseau a-t-il été, en ceci, oui ou non, prophète ? Tandis que nous voyons le théâtre arriver d'abaissement en abaissement au dernier degré de l'ignominie *, les fêtes publiques, au contraire, les courses, jeux, concerts populaires, régates, revues, voyages, ne prennent-ils pas chaque jour plus de développement ?

N'en est-ce pas fait des petits étouffoirs où nos pères, dans leurs villes tortueuses et sombres, allaient autrefois s'entasser ? Rousseau nous a donné le goût du plein air, et la vraie salle de spectacle des temps modernes sera de plus en plus la place publique.

Si vous voulez, toutefois, nous rendre le grand art de la France : la comédie (à qui nous devons *Tartufe* et *Figaro*), si vous voulez de nouveau annoblir le théâtre, ouvrez-en les portes au peuple ; il est, pour la denrée dramatique comme pour tant d'autres, le vrai consommateur. Au lieu de places à trois francs, vous crierait Jean-Jacques, donnez-nous, dans des salles immenses, les places à trois sous. Ce qui est exclusif n'a plus vie dans l'atmosphère moderne. Diminuer le prix d'entrée au théâtre, c'est y rappeler la famille, et, partant, la moralité. Hors de là pas de salut ! Le théâtre, dans ses anciennes données, ne se relèvera pas.

Toutefois, au siècle dernier, l'art dramatique conservait encore quelque sève, et Rousseau comprit bien que, de son vivant, ces doctrines ne se-

* M. J. Janin, dans son feuilleton du *Journal des Débats* (25 août 1862), flétrissait « les hontes et les fanges de l'art dramatique... »

raient point admises ; aussi fait-il quelque part cet aveu, qu'il voudrait, « s'il faut absolument un théâ- » tre, que M. de Voltaire pût le remplir toujours » de son génie. » Ceci n'est pas un simple compliment adressé par déférence au grand écrivain dramatique du temps ; Rousseau, en condamnant le théâtre sous son ancienne forme, n'en était pas moins très sensible aux enchantements d'un art qu'au fond il n'eût voulu qu'agrandir pour le mettre à la portée de tous. Personne, dans sa jeunesse, ne fréquenta plus le spectacle, personne ne s'amusait, n'admirait davantage, ne riait de meilleur cœur aux comédies de Molière. Lui-même a raconté, dans une lettre à Mme de Warens (13 septembre 1735), qu'à l'une des premières représentations d'*Alzire* (il avait alors vingt-cinq ans) son émotion fut telle qu'il y perdit la respiration et en resta malade plusieurs jours.

Lorsqu'il cherchait encore ses voies et sa langue, il voulut, lui aussi, faire quelques pièces de théâtre, mais il sentit bien vite que, sous cette forme, il s'adressait à un auditoire qui n'était pas le sien. Eût-il pu, devant un public aristocratique, enseigner « qu'il y a vingt contre un à parier que tout gentilhomme descend d'un fripon ? » Il se préparait autre chose dans son âme que des amusements pour les classes privilégiées, et ce n'était pas précisément pour les divertir qu'il devait un jour écrire *le Contrat social*.

Aussi pourrait-on difficilement imaginer rien de plus nul que ses essais dramatiques, écrits dans un temps où, loin de connaître les hommes, il ne connaissait pas encore sa propre pensée.

Le théâtre, qui avait été la gloire du XVIIe siècle, mais qui, malgré *Zaïre*, *Mérope*, *Mahomet* et le dernier acte de *Brutus*, n'était plus qu'un heureux et brillant reflet de cette époque, eut pourtant au XVIIIe siècle une heure de vrai réveil avec Beaumarchais. Le long drame qui, du *Barbier de Séville* aux *Noces de Figaro* et à *la Mère coupable*, paraissait destiné à remplir trois grands jours de fêtes, était un renouvellement de l'essai déjà tenté par Molière dans ses dernières pièces, de réunir tous les arts, la musique, la danse, les décorations splendides ; joignez à cela un but utile : l'éducation populaire et la représentation d'événements contemporains comme au temps d'Eschyle et d'Aristophane, et vous reconnaîtrez que si le théâtre eût continué de marcher dans ces voies, il n'eût pas, sans doute, comme il l'a fait, succombé sous l'anathème de Jean-Jacques, anathème renouvelé de nos jours par Proudhon, dans sa lettre au poëte Jacques Bornet.

Voltaire donc, malgré son habileté, malgré son entente de l'art dramatique, n'a été au théâtre, dans ses meilleurs jours, que le premier disciple de nos grands maîtres. Du reste, on en peut dire autant de quelques autres de ses écrits : *la Henriade*, ses odes, ses traités de géométrie, d'astronomie, de chimie, de physique, de mécanique, ne sont peut-être, lorsqu'on les isole du grand ensemble de ses travaux, que des œuvres de deuxième ordre; mais réunis, mêlés à sa correspondance, lus chronologiquement, ils forment un monument littéraire unique dans le monde. Aucun homme n'a laissé une *bible* de cette importance. Frédéric, dans une lettre qu'il lui adressait à Cirey, en 1739, lui disait : « Vous m'êtes un être incompréhensible ; je doute qu'il y ait un Voltaire dans le monde ; j'ai fait un système pour nier son existence. Non, assurément, ce n'est pas un homme qui fait le travail prodigieux qu'on attribue à M. de Voltaire. Il y a, à Cirey, une Académie composée de l'élite de l'univers. Il y a des philosophes qui traduisent Newton ; il y a des poëtes héroïques ; il y a des Corneilles, il y a des Catulles, il y a des *Thucydides*, et l'ouvrage de cette Académie se publie sous le nom de Voltaire, comme l'action de toute une armée s'attribue au chef qui la commande. La Fable nous parle d'un géant qui avait cent bras : vous avez mille génies, vous embrassez l'univers entier, comme Atlas le portait. »

Ses amis, en France, s'étonnaient et s'alarmaient de cette universalité ; il leur répondait : « Il faut donner à son âme toutes les formes possibles ; c'est un feu que Dieu nous a confié ; nous devons le nourrir de ce que nous trouvons de plus précieux. Il faut faire entrer dans notre être tous les modes imaginables, ouvrir toutes les portes de son âme à toutes les sciences et à tous les sentiments ; pourvu que tout cela n'entre pas pêle-mêle, il y a place pour tout le monde ; je veux m'instruire et vous aimer. »

Ce qui étonne dans ses traités scientifiques, c'est que la science y est toujours mise sur le chemin des grandes découvertes. Un pas de plus, et ces découvertes étaient faites par lui : celles de Priestley, de Lavoisier, de Volta, sur la composition de l'atmosphère, y sont, peu s'en faut, indiquées. Dans l'*Essai sur la nature du feu et sa propagation*, à une époque où, loin de connaître les lois de la combustion et du calorique, on ignorait jusqu'au principe du refroidissement par l'évaporation, lorsque la chimie n'en était pas même au *phlogistique*, quand l'air passait encore pour un élément, n'est-il pas curieux de voir Voltaire entrer dans les voies mêmes qui, un demi-siècle plus tard, conduiront Lavoisier à la découverte de l'oxygène ? Il constate qu'une masse de fer, depuis une jusqu'à deux mille livres, est plus lourde après avoir été rougie au feu, et ne peut expliquer cette augmentation de poids que par l'absorption d'un autre corps.... Il semble que de là il n'y eût pas loin à la découverte de l'oxygène ; cette découverte était d'autant moins éloignée que Voltaire fut un des premiers à prétendre que l'air était un gaz composé.

Une de ses plus singulières erreurs fut son refus persistant à croire à l'existence de coquillages fossiles sur les plus hautes montagnes, erreur d'autant plus étrange que l'un des premiers, avant Elie de Beaumont, il affirma que « ce sont les vapeurs qui font les éruptions des volcans, les tremblements de terre, qui élèvent le Monte-Nuovo, qui font sortir l'île de Santorin du fond de la mer Egée. »

Lord Brougham a écrit sur *Voltaire et Rousseau* un livre qu'on peut trouver en bien des points risiblement anglais, mais le noble écrivain n'en montre pas moins autant de raison que d'équité, lorsqu'il rapporte qu'une académie ayant proposé, pour sujet de prix, une dissertation sur la nature du feu, Voltaire, à cette occasion, publia la brochure dont nous avons parlé : l'auteur de *Zaïre* n'obtint qu'une mention honorable, et le prix fut remporté par Euler. « On conviendra, dit lord Brougham, qu'il n'y avait point de honte à se voir vaincu par un pareil rival. Toutefois, il s'en faut que le discours de Voltaire soit d'un mérite ordinaire : il y développe des vues nouvelles et hardies, et raconte des expériences qui, s'il les eût poursuivies avec plus de persévérance, auraient probablement placé son nom parmi ceux des plus grands novateurs de son siècle. Impossible de rencontrer une hypothèse plus heureuse que celle qu'il émet sur le poids acquis par les métaux, lorsqu'on les soumet à une température très élevée.

« Les expériences qu'il fit sur le calorique des fluides mélangés, et qui se trouvent être de température différente avant leur mélange, le conduisirent à remarquer la différence de température existant après le mélange, et celle que l'on aurait pu obtenir en additionnant les températures séparées des corps avant le mélange. Ajouterons-nous maintenant que cette suite d'expériences et d'observations fut celle-là même qui, vingt-cinq ans plus tard, conduisit Black à sa fameuse découverte du calorique latent ? »

Aujourd'hui que la plupart des hypothèses de Voltaire ont été confirmées par l'expérience, qui sait si sa dissertation n'emporterait pas le prix sur celle d'Euler ?

III

L'Essai sur les Mœurs.

> Voyons ensemble, dans la sincérité de nos cœurs, ce que la raison, de concert avec l'intérêt du genre humain, nous ordonne de croire et de pratiquer... Nous nous affermirons ensemble... C'est une belle démarche de l'esprit humain, un élancement divin de notre raison...
>
> (VOLTAIRE, *Homélie sur l'athéisme*.

Quelque rang que doivent occuper les œuvres scientifiques de Voltaire, il faut reconnaître que son génie a bien autrement de puissance dans le roman, l'histoire, le pamphlet, le conte en vers et en prose, et dans son incomparable correspondance.

Le premier en date de ses chefs-d'œuvre est l'*Histoire de Charles XII*, monographie unique, qui instruit, étonne, enchante. L'*Essai sur les mœurs*, œuvre de bien autre étendue et de bien autre importance, est resté le livre le plus sensé qu'ait inspiré « l'histoire universelle, » titre présomptueux, impossible à remplir, et qu'il se garda bien de prendre. Cet aperçu hardi et sincère de l'histoire des nations est peut-être, parmi toutes ses œuvres (exceptons-en pourtant le *Dictionnaire philosophique*), la plus vraiment digne de son génie : quel prodigieux savoir! quelle pénétration ! quel sentiment d'équité et quelle lumière jetée sur les ténèbres de ce monde!.. L'introduction seule, où il passe en revue les révolutions du globe, est un chef-d'œuvre ; elle fut écrite cependant à l'aurore des sciences physiques ; on ignorait alors ce que c'était que l'air, l'eau, le feu ; la chimie n'existait pas, la géologie encore moins, dont Voltaire eût tiré un si grand parti. Il railla Needham et ses anguilles ; mais s'il eût connu les belles expériences faites de nos jours par MM. Pouchet, Joly, Musset et tous les hétérogénistes, son hardi génie n'eût pas craint peut-être de nous montrer comment la vie est apparue et s'est développée sur la terre *.

Il recula ses investigations historiques jusqu'aux plus anciens peuples de l'Inde ; il voulait surtout se mettre en état d'apprécier cette question décisive : *Les hommes sont-ils dignes de la liberté* ? car cette question de la liberté, c'est-à-dire de la responsabilité morale des peuples, fut pour lui la première de toutes. On sait combien il préféra la civilisation à l'état sauvage ; cependant il n'hésite pas à proclamer, dans l'*Essai sur les mœurs*, qu'il vaudrait encore mieux

* Il eût hésité d'autant moins à se prononcer en faveur des hétérogénistes de Rouen et de Toulouse, qu'il eût vu se soulever contre eux plus d'opposition de la part de quelques professeurs d'ignorance.

> Sous le bonnet carré que ma main jette à bas,
> Je découvre, en riant, la tête de Midas.

Il eût été l'ami, le correspondant, le défenseur le plus intrépide de l'illustre physiologiste rouennais. Quant à M. Joly, de Toulouse, si Voltaire vivait de nos jours, il reconnaîtrait et saluerait en lui, avec enthousiasme, un des disciples et des continuateurs les plus courageux d'Etienne Geoffroy-Saint-Hilaire. Il n'oublierait non plus son jeune collaborateur M. Musset, et, dans quelque lettre, comme lui seul en savait écrire, il redirait à ce dernier le mot de la sibylle : *Tu Marcellus eris*...

être libre que civilisé, s'il était vrai que civilisation et liberté fussent incompatibles : son opinion est en ceci conforme à celle de Jean-Jacques. Voltaire, en écrivant ce livre, voulut se donner à lui-même un tableau général des mœurs et de l'esprit des nations ; il voulut continuer l'œuvre de Bossuet, mais en l'agrandissant et en la dégageant de tout esprit de secte. Bossuet s'était arrêté à Charlemagne ; c'est en commençant à cette époque, que Voltaire essaye de se faire un résumé de l'histoire, mais il lui faut souvent remonter à des temps antérieurs. Bossuet avait eu le tort de trop rétrécir la scène historique : dans les temps antiques, il avait oublié les plus anciens peuples de l'Orient, tels que les Indiens, les Chinois ; dans les temps modernes, il avait traité trop légèrement les Arabes, qui fondèrent un si puissant empire et une religion si florissante, et dont il ne parle que comme d'un déluge de barbares.

Voltaire voulut faire de l'*Essai sur les mœurs* une œuvre qui s'élevât au-dessus de toute polémique : s'il s'était montré homme de lutte dans la grande mêlée de son siècle, il se fit, dans cette histoire, le pontife et le juge d'un monde. Cette intention d'équité apparaît dès les premières pages : « Nous cherchons, dit-il, la vérité, et non la dispute. »

Le titre des premiers chapitres témoigne de l'immensité du sujet qu'il embrasse :

1° *Changements dans le globe.* — Précurseur de nos grands géologues, il annonce des sciences encore inconnues ; ce premier chapitre contient en germe le discours de Cuvier sur les révolutions du globe.

2° *Des différentes races d'hommes.* — On dirait qu'il lui fut réservé de prendre l'initiative de toutes les sciences modernes; il ne résume pas seulement les sciences du passé, il semble dicter le programme des recherches à venir.

3° *De l'antiquité des nations.* — Un siècle d'avance il pressent les travaux de nos orientalistes modernes.

4° *De la connaissance de l'âme.* — Il examine d'abord quelle idée les premiers peuples ont pu avoir de l'âme : « Voyez nos paysans, dit-il, ils n'en acquièrent qu'une idée confuse, sur laquelle même ils ne réfléchissent jamais. La nature a eu trop de pitié d'eux pour en faire des métaphysiciens ; cette nature est toujours et partout la même. Elle fit sentir aux premières sociétés qu'il y avait quelque être supérieur à l'homme quand elles éprouvaient des fléaux extraordinaires ; elle leur fit sentir de même qu'il est dans l'homme quelque chose qui agit et qui pense... »

Tel était le monologue de Voltaire ; mais Rousseau vint bientôt lui donner la réplique : Ne comparez pas, répondait-il, aux peuples primitifs vos paysans actuels, qui, loin d'être les hommes de la nature, sont les déformés d'une éducation à rebours.

Jean-Jacques, en ceci, s'exagérait le mal. Le paysan a subi, moins qu'il ne semble, l'influence mauvaise de ses éducateurs : pour sauver ses sentiments instinctifs, sa liberté intérieure, le bonhomme *Jacques* s'est fait plus diplomate que

Machiavel, plus rusé que le diable de Papefiguière; la nature, en lui, sur plus de points qu'on ne croit, est restée intacte. Voltaire savait bien cela, lorsqu'il écrivait dans le *Dictionnaire philosophique*, au mot Rare : « Vous rencontrerez dans les campagnes dix mille femmes attachées à leur ménage, laborieuses, sobres, nourrissant, élevant, instruisant leurs enfants. » savait, par sa propre expérience, combien la nature est ingénieuse et vivace dans ses résistances au faux éducateur. Toutes ces bonnes femmes qui nourrissent et bercent leurs enfants, étaient bien moins aux moines qu'à Dieu et à leur famille. Dans vos colléges, mes bons pères, vous croyez en vain avoir pour toujours formé ces enfants à votre fantaisie. Hélas! parmi eux, celui-ci deviendra Martin Luther, et cet autre, pour vous remercier de vos soins, vous offrira l'histoire de *Pantagruel;* je vois d'ici, sur vos bancs, un petit garçon très honnête et très doux : dans quelques années, il écrira *Tartufe*. Ce quatrième, un peu plus espiègle, mais dont vous espérez pourtant faire un théologien illustre, deviendra l'auteur de *Candide*.

Ce qui est vrai de ces esprits supérieurs est vrai aussi du peuple. Vous vous croyez les maîtres de sa pensée, mais la nature et sa conscience lui faisaient une éducation dont vous ne vous doutiez pas.

Dans l'*Essai sur les mœurs*, Voltaire, après avoir traité de l'état sauvage, passe à l'état social, auquel il donne pour base deux sentiments moraux : la commisération et la justice.

Au milieu des crimes et de la démence qu'il aperçoit sur la terre, les grands hommes sont pour lui des consolateurs; il se plaît à leur rendre justice; on sent qu'il est avec eux, en quelque sorte, en famille; il les reconnaît et les salue à travers les siècles, tous ceux qui ont voulu, comme lui, éclairer le monde. « Il n'est point, dit-il, de véritablement grand homme qui n'ait été un bon esprit. »

Quant aux persécuteurs, il ne se contente pas de les flétrir, il montre l'inutilité de leurs crimes, en leur prouvant que, malgré tant de persécutions, l'hérésie va toujours grandissant, des Vaudois aux Albigeois, aux Hussites, aux Protestants.

S'il parle avec liberté de l'Eglise romaine, il en parle avec justice; s'il montre qu'elle *s'est toujours décidée pour l'opinion qui soumettait le plus l'esprit humain et qui anéantissait le plus le raisonnement*, il avoue qu'au milieu de la barbarie universelle *il y eut toujours dans ses rites, malgré tous les troubles et tous les scandales, plus de décence, plus de gravité qu'ailleurs; et l'on sentait*, dit-il, *que tout cette Eglise, quand elle était libre et bien gouvernée, était faite pour donner des leçons aux autres*. Mais de tels aveux ne le rendent que plus fort ensuite et plus éloquent pour démontrer comment le saint-siége devint quelquefois le siége de tous les crimes.

Rien ne l'arrête lorsqu'il s'agit d'être juste. La plupart des beaux esprits, au XVIIIe siècle, se moquaient de saint Louis, par la raison qu'il avait été *saint ;* Voltaire n'hésite pas à dire qu'il fut « en tout le modèle des hommes. Sa piété, dit-il, qui était celle d'un anachorète, ne lui ôta aucune vertu de roi. Une sage économie ne déroba rien à sa libéralité. Il sut accorder une politique profonde avec une justice exacte ; et peut-être est-il le seul souverain qui mérite cette louange. Prudent et ferme dans le conseil, compatissant comme s'il n'avait jamais été que malheureux. Il n'est pas donné à l'homme de porter plus loin la vertu. »

Sa joie, c'est de trouver le bien sur la terre. Ce qu'il exalte, c'est la vertu ; dès qu'il l'aperçoit quelque part, il la montre avec orgueil ; partout il est à sa recherche, comme d'autres à la recherche du mal. Les plus grands scélérats même (chose admirable !), il est content s'il peut leur enlever un seul de leurs crimes, s'il peut prouver qu'on leur en attribue plus encore qu'ils n'en ont commis. Il a ainsi disculpé de deux ou trois crimes Néron, Tibère, et jusqu'au misérable pape Alexandre VI. L'histoire n'était à ses yeux qu'une longue calomnie de l'espèce humaine. Ce qui l'afflige, ce qui lui coûte à dire, mais ce qu'il dit pourtant, quoique avec douleur, c'est que « les hommes sont très rarement dignes de se gouverner eux-mêmes. » On peut croire qu'après un tel aveu rien ne saurait lui coûter. La crainte du ridicule ne lui vient même pas ; ce n'est pas seulement pour ses contemporains qu'il écrit, c'est pour le petit nombre d'âmes justes et d'esprits droits qui pourront, dans l'avenir, trouver là un résumé de l'histoire du monde.

Personne n'expose mieux que lui l'admirable ensemble des événements historiques, et c'est à quoi il revient sans cesse : « Dans la foule des révolutions que nous avons vues, dit-il, d'un bout de l'univers à l'autre, il paraît un enchaînement fatal des causes qui entraînent les hommes... »

A la longue il trouve, parmi ce spectacle de ruines, quelques consolations : « Au milieu de ces saccagements et de ces destructions que nous observons dans l'espace de neuf cents années, nous voyons un amour de l'ordre qui anime en secret le genre humain, et qui a prévenu sa ruine totale. C'est un des ressorts de la nature qui reprend toujours sa force ; c'est lui qui a formé le Code des nations... »

Et ailleurs, avec plus de force, il dit encore : « Comment peut-on imaginer qu'il y ait un ordre, et que tout ne soit pas la suite de cet ordre ? Comment, l'éternel géomètre ayant fabriqué le monde, peut-il y avoir dans son ouvrage un seul point hors de la place assignée par cet artisan suprême ? On peut dire des mots contraires à cette vérité ; mais une opinion contraire, c'est ce que personne ne peut avoir quand il réfléchit. »

Au moment où toutes les religions étaient attaquées, comme autant d'impostures, par les libres penseurs anglais, par quelques allemands, et même par deux ou trois encyclopédistes, lorsque toutes les sectes s'accusaient réciproquement de toutes les horreurs, Voltaire eut le courage de soutenir que : « la religion enseigne la même morale à tous les peuples, sans aucune exception : les cérémonies asiatiques sont bizarres, les croyances absurdes, disait-il, mais les préceptes justes...

» En vain, quelques voyageurs et quelques missionnaires nous ont représenté les prêtres d'Orient comme des prédicateurs de l'iniquité : c'est calomnier la nature humaine : il n'est pas possible qu'il y ait jamais une société religieuse instituée pour inviter au crime...

» On s'est servi, dans toute la terre, de la religion pour faire le mal, continue-t-il, mais elle est partout instituée pour porter au bien... »

Quant à ceux qui abusent de la crédulité des peuples et de leur faiblesse, l'Europe frémit encore, après un siècle, des foudres vengeresses que Voltaire fit éclater contre eux.

« L'ouvrage de Voltaire, dit lord Brougham, peut donc être envisagé comme une histoire de la société, ou, pour mieux dire encore, de la race humaine... Voltaire s'occupe du monde entier, recueillant dans tous les pays et dans tous les temps les détails des changements survenus dans la société ; prenant acte des grands événements arrivés parmi les hommes, racontant la vie des individus éminents, et traçant de main de maître le tableau des révolutions qui ont agité les peuples et décidé du sort des princes.

» Voilà quel était le plan de cet important travail de Voltaire... Remarquons qu'il possède à un degré éminent les deux principales qualités de l'historien : l'esprit de recherche le plus patient et une impartialité absolue. Comme exemple de la première de nos assertions, prenons sa description du Concile de Trente, au CLXXII[e] chapitre de l'*Essai :* nulle part il n'en existe de plus exacte ; et, dans maint autre endroit de ce bel ouvrage, nous trouverons des preuves de l'assiduité que mettait Voltaire à consulter, pour le fond de ses narrations, les écrivains même les moins connus, et de quelle érudition il appuyait ses réflexions personnelles...

» Nulle part, dans son livre, Voltaire ne cherche à déguiser ses opinions personnelles, mais aussi peut-on dire que *jamais il ne leur soumet sa manière d'envisager les faits* *. Il serait difficile de se figurer un sujet où Voltaire eût été plus exposé à subir l'influence de ses propres idées que dans tout ce qui touche à Léon X et aux autres papes, et pourtant il rend pleine et entière justice au caractère et aux talents de Léon, comme aussi à ses antagonistes *grossiers* et *repoussants* **.

» Mais il y a encore un autre mérite, également grand chez Voltaire, et qui distingue toutes ses compositions historiques, c'est l'extrême précaution dont il use à l'égard de tout récit improbable, — que le récit soit appuyé de l'autorité de l'histoire, ou qu'il repose seulement sur des croyances populaires. Ici, sa sagacité ne lui fait jamais défaut, et son scepticisme n'est point un inconvénient. L'admirable traité auquel il a donné

* Le plus bel éloge que l'on ait fait de Voltaire, comme historien.

** Nous laissons à lord Brougham la responsabilité de ces deux épithètes.

le titre fort bien imaginé de *Pyrrhonisme de l'histoire*, et qui contient la majeure partie de ses doutes critiques à ce sujet, ne nous offre en quelque sorte que la quintessence de cet esprit courageux qu'il mettait à examiner toutes les fabuleuses narrations, tous les contes saugrenus en faveur desquels on invoquait notre crédulité, et dont, avant l'âge de Voltaire, le monde acceptait étourdiment les extravagances absurdes... Nous sommes persuadé, et nous n'hésitons pas à affirmer qu'aucun traité historique plus remarquable pour la manière d'instruction utile et solide qu'il renferme, n'a jusqu'ici été livré au public. »

IV.

Candide. — Les six rois détrônés.

> Car enfin... vous savez...
> — Je sais, dit Candide, qu'il faut cultiver notre jardin. (VOLTAIRE.)

Lorsque l'on passe de l'*Essai sur les mœurs* aux romans de Voltaire, lorsqu'on lit ces étranges histoires : *l'Homme aux quarante écus*, *Zadig*, *l'Ingénu*, *Candide*, son génie paraît plus puissant encore et plus original. Dans quelle langue existe-t-il des œuvres de ce genre? où trouvera-t-on un chapitre comparable à celui où Candide et Martin rencontrent dans une hôtellerie les six rois détrônés qui sont venus passer le carnaval à Venise?

« Un soir que Candide, suivi de Martin, allait

se mettre à table avec les étrangers qui logeaient dans la même hôtellerie, un homme à visage couleur de suie l'aborda par derrière, et, le prenant par le bras, lui dit : — Soyez prêt à partir avec nous, n'y manquez pas. Il se retourne et voit Cacambo. Il n'y avait que la vue de Cunégonde qui pût l'étonner et lui plaire davantage. Il fut sur le point de devenir fou de joie. Il embrasse son cher ami. — Cunégonde est ici, sans doute ? où est-elle ? Mène-moi vers elle, que je meure de joie avec elle ! — Cunégonde n'est point ici, dit Cacambo, elle est à Constantinople. — Ah ! ciel ! à Constantinople ! mais fût-elle à la Chine, j'y vole, partons. — Nous partirons après souper, reprit Cacambo ; je ne peux vous en dire davantage ; je suis esclave ; mon maître m'attend ; il faut que j'aille le servir à table : ne dites mot ; soupez et tenez-vous prêt.

» Candide, partagé entre la joie et la douleur, charmé d'avoir revu son agent fidèle, étonné de le voir esclave, plein de l'idée de retrouver sa maîtresse, le cœur agité, l'esprit bouleversé, se mit à table avec Martin, qui voyait de sang-froid toutes ces aventures, et avec six étrangers qui étaient venus passer le carnaval à Venise.

» Cacambo, qui versait à boire à l'un de ces étrangers, s'approcha de l'oreille de son maître, sur la fin du repas, et lui dit : — Sire, Votre Majesté partira quand elle voudra, le vaisseau est prêt. Ayant dit ces mots, il sortit. Les convives étonnés se regardaient sans proférer une seule parole, lorsqu'un autre domestique s'approchant de son maître, lui dit : — Sire, la chaise de Votre

Majesté est à Padoue, et la barque est prête. Le maître fit un signe, et le domestique partit. Tous les convives se regardèrent encore, et la surprise commune redoubla. Un troisième valet s'approchant aussi d'un troisième étranger, lui dit : Sire, croyez-moi, Votre Majesté ne doit pas rester ici plus longtemps, je vais tout préparer, et aussitôt il disparut.

» Candide et Martin ne doutèrent pas alors que ce ne fût une mascarade de carnaval. Un quatrième domestique dit au quatrième maître : Votre Majesté partira quand elle voudra, et sortit comme les autres. Le cinquième valet en dit autant au cinquième maître. Mais le sixième valet parla différemment au sixième étranger qui était auprès de Candide ; il lui dit : Ma foi, Sire, on ne veut plus faire crédit à Votre Majesté ni à moi non plus, et nous pourrions bien être coffrés cette nuit, vous et moi ; je vais pourvoir à mes affaires : adieu.

» Tous les domestiques ayant disparu, les six étrangers, Candide et Martin demeurèrent dans un profond silence. Enfin Candide le rompit : « Messieurs, dit-il, voilà une singulière plaisante-
» rie ; pourquoi êtes-vous tous rois ? Pour moi,
» je vous avoue que ni moi ni Martin nous ne le
» sommes. »

» Le maître de Cacambo prit alors gravement la parole, et dit en italien : Je ne suis point plaisant, je m'appelle Achmet III, j'ai été grand sultan plusieurs années ; je détrônai mon frère ; mon neveu m'a détrôné ; on a coupé le cou à mes visirs, j'achève ma vie dans le vieux sérail ;

mon neveu, le grand sultan Mahamond, me permet de voyager quelquefois pour ma santé, et je suis venu passer le carnaval à Venise.

» Un jeune homme, qui était auprès d'Achmet, parla après lui, et dit : Je m'appelle Ivan, j'ai été empereur de toutes les Russies ; j'ai été détrôné au berceau, mon père et ma mère ont été enfermés ; on m'a élevé en prison ; j'ai quelquefois la permission de voyager, accompagné de ceux qui me gardent, et je suis venu passer le carnaval à Venise.

» Le troisième dit : Je suis Charles-Édouard, roi d'Angleterre ; mon père m'a cédé ses droits au royaume, j'ai combattu pour les soutenir ; on a arraché le cœur à huit cents de mes partisans, et on leur en a battu les joues ; j'ai été mis en prison ; je vais à Rome faire une visite au roi mon père, détrôné ainsi que moi et mon grand père, et je suis venu passer le carnaval à Venise.

» Le quatrième prit alors la parole et dit : Je suis roi des Polaques ; le sort de la guerre m'a privé de mes Etats héréditaires ; mon père a éprouvé les mêmes revers ; je me résigne à la Providence comme le sultan Achmet, l'empereur Ivan et le roi Charles-Edouard à qui Dieu donne une longue vie ; et je suis venu passer le carnaval à Venise.

» Le cinquième dit : Je suis aussi roi des Polaques ; j'ai perdu mon royaume deux fois ; mais la Providence m'a donné un autre Etat, dans lequel j'ai fait plus de bien que tous les rois des Sarmates ensemble n'en ont jamais pu faire sur le bord de la Vistule : je me résigne aussi à la

Providence, et je suis venu passer le carnaval à Venise.

» Il restait au sixième monarque à parler. Messieurs, dit-il, je ne suis pas si grand seigneur que vous; mais enfin j'ai été roi tout comme un autre : je suis Théodore; on m'a élu roi en Corse, on m'a appelé *Votre Majesté*, et à présent à peine m'appelle-t-on *Monsieur*; j'ai fait frapper de la monnaie et je ne possède pas un denier; j'ai eu deux secrétaires d'état, et j'ai à peine un valet; je me suis vu un trone, et j'ai longtemps été à Londres en prison sur la paille; j'ai bien peur d'être traité de même ici, quoique je sois venu comme Vos Majestés passer le carnaval à Venise.

» Les cinq autres rois écoutèrent ce discours avec une noble compassion. Chacun d'eux donna vingt sequins au roi Théodore pour avoir des habits et des chemises....

» Dans l'instant qu'on sortait de table, il arriva dans la même hôtellerie quatre altesses sérénissimes qui avaient aussi perdu leurs Etats par le sort de la guerre et qui venaient passer le reste du carnaval à Venise; mais Candide ne prit pas seulement garde à ces nouveaux venus. Il n'était occupé que d'aller trouver sa chère Cunégonde à Constantinople. »

V

Le Dictionnaire philosophique.

Avouons, devant Dieu, que nous avons besoin d'une réforme universelle.
(VOLTAIRE, *Dieu et les Hommes*, ch. XL.)

Voltaire n'avait que soixante ans environ lorsqu'il publiait *Candide* et l'*Essai sur les mœurs* ; mais lorsqu'on le voit, dix ans plus tard, refaire lui tout seul l'Encyclopédie et publier en neuf volumes les 585 articles du *Dictionnaire philosophique*, l'admiration se change en respect. De soixante-dix à quatre-vingt-quatre ans, c'est l'âge où il montre le plus d'intrépidité et de verve ; c'est le temps de ses plus beaux contes. Qu'on relise celui qu'il intitule *les Finances*, qui fut en 1775 (Voltaire avait alors 81 ans) répandu à milliers d'exemplaires, et qui faillit bouleverser le royaume (2).

Le *Dictionnaire philosophique* ne fut pas seulement l'œuvre capitale de Voltaire, il fut peut-être le plus grand fait social du XVIIIe siècle : parlements, clergé, finances, tous entendirent, dans cette œuvre monumentale, sonner inexorablement le glas de leur mort. L'antique organisation féodale fut maudite. Ce qui augmentait le désespoir de cette société monstrueuse, véritable anarchie, c'était de pressentir l'aurore d'une société nouvelle, plus juste, plus sainte, plus éclairée, plus rapprochée de Dieu (qui est tout ordre), société à laquelle Voltaire venait dicter des lois pour deux siècles ; car l'importance du *Dictionnaire philosophique* était de contenir le programme d'un long avenir. En effet, le plus grand siècle qu'ait eu jusqu'ici l'histoire ne devait point suffire à le réaliser, et cependant tous les gouvernements, toutes les révolutions devaient avoir pour tâche d'accomplir une à une les *prophéties* de cette nouvelle *Ecriture*.

Le *Dictionnaire* n'était pas une œuvre seulement *philosophique*, malgré son titre ; c'était une œuvre de réforme : réforme politique, sociale, administrative, religieuse : réforme universelle ! c'est l'ancien monde détruit ! Aussi, dit-il quelque part (Voy. au mot *Axe*) :

« Ancienne histoire, ancienne astronomie, ancienne physique, ancienne médecine (à Hippocrate près), ancienne géographie, ancienne métaphysique : tout cela n'est qu'ancienne absurdité qui doit faire sentir le bonheur d'être né tard. »

Ce livre (loi des temps modernes) nous montre combien est vrai le mot du grand capitaine : *La France est de la religion de Voltaire.*

Et cette religion, tous les gouvernements, depuis un siècle, amis, ennemis, ont dû s'y soumettre : quelques-uns s'y soumettaient avec désespoir ; mais tous, bon gré mal gré, marchaient dans la voie tracée : *Dieu le veut !* voilà le secret de la puissance de Voltaire !

Qu'on ouvre le *Dictionnaire philosophique*, qu'on y dégage l'esprit qui vivifie de la lettre qui tue, selon l'expression éternellement vraie de saint Paul, qu'y voit-on? Le monde qui demande, par la voix d'un grand homme, à quitter sa vieille forme féodale, injuste, ténébreuse, impie, pour fonder une société plus équitable, plus heureuse et plus sainte.

Cette voix crie réforme aux portes de l'Eglise, au seuil des magistrats, devant les échafauds.

Elle crie réforme à travers les campagnes, dans les champs dépouillés, dans les villages appauvris, dans les grandes villes, dans leurs misérables rues, parmi leurs pauvres abandonnés; elle parcourt les hôpitaux, les prisons, les établissements publics, les écoles, les laboratoires et jusqu'aux cimetières.

Elle crie réforme sur nos codes, nos règlements de police, de commerce et d'administration.

Mais elle proteste surtout contre la manière dont on enseigne Dieu aux hommes, et elle crie plus que jamais : Réforme!

O sainteté de la France! pas un de ces cris qui n'ait été entendu!

Réformes dans l'Eglise, — commencées par l'abolition des couvents, l'abolition des dîmes, la suppression d'un grand nombre de fêtes, la création des registres de l'Etat civil, etc., etc.

Réformes dans les institutions politiques, — réalisées en partie par trois révolutions...

Réforme dans la magistrature, — réalisée par la suppression de la vénalité des charges, l'institution du jury, etc.

Réformes dans les campagnes, — réalisées par le nouveau mode de percevoir l'impôt, par l'abolition des douanes intérieures, par l'accession de tous à la propriété, par l'extension aux plus pauvres communes de l'institution gauloise des municipalités, par la proclamation de l'égalité des droits, etc.

Réformes dans les villes, — réalisées en tant de manières par tous les gouvernements et toutes les révolutions, que l'énumération en tiendrait un gros livre devant lequel, pour la France seulement, dix millions d'hommes devraient tomber à genoux.

Réforme des anciens codes,— réalisée par nos assemblées politiques, par l'empire, par tous les gouvernements.

Voudrait-on que j'entreprisse ici l'histoire des réformes dans les hôpitaux, les prisons, les établissements publics, les écoles, les monuments, réalisées depuis un siècle, et toutes indiquées, demandées par Voltaire ?

Parmi nos institutions nouvelles, dois-je oublier que, le premier, il demanda :

Les lieux d'asile pour l'enfance et pour la vieillesse, les caisses de retraite et d'épargne ; des juges pour concilier les procès gratis, le droit de défense accordé devant les tribunaux à tous les accusés, la publicité des procédures ; l'accessibilité de tous les citoyens aux emplois publics, l'abolition de la torture, la validité des mariages protestants, les mariages mixtes, le mariage civil (ce qui est la sanction des magistratures laïques ; un maire est un pontife) ; le droit de sépulture à tous les citoyens ; bibliothèques publiques, instruction gratuite, cours publics dans toutes les grandes villes ; liberté de commerce, liberté de conscience ; institution du jury, magistratures électives ; uniformité des poids et mesures, postes, routes, canaux ; sociétés savantes, écoles d'agriculture, écoles d'arts et métiers ; secours aux indigents ; pharmacies publiques, bains publics, etc., etc.

En un mot, protection et instruction à tous. — Voilà les réformes et les créations nouvelles demandées dans le dangereux *Dictionnaire*, réformes et créations réalisées depuis en France aux acclamations du monde entier.

Erreurs, préjugés, fraudes, tout est vérifié au crible de la justice. Pas un charlatan vivant ou mort dont la supercherie ne soit mise à nu. « Charlatans, charlatans, disparaissez de l'histoire ! » s'écrie-t-il ; et il recommence sur son aire à séparer avec intrépidité le bon grain de l'ivraie. Il faut que tous les trompeurs, que tous les persécuteurs, que tous les perfides y passent, c'est comme un jugement dernier. Et l'Europe entend avec joie retentir le fléau de Dieu sur tous ceux qui ont trompé ou opprimé les hommes.

Mais en revanche, quel enthousiasme pour les sciences et pour les découvertes modernes, et quelle anxiété, quelle âpre curiosité sur les découvertes plus nombreuses encore qu'il pressent ! C'est dans ces sujets que son esprit atteint toute son élévation, et qu'il s'élève au-dessus de son siècle ; à l'article Feu, il s'écrie : « La lumière a quelque chose de si divin, qu'on serait tenté d'en faire un degré pour monter à des substances encore plus pures.

» A mon secours, Empédocle ; à moi, Démocrite : venez admirer les merveilles de l'électricité : voyez si ces étincelles qui traversent mille corps en un clin d'œil sont de la matière ordinaire...

» Dites-moi si l'Etre-Suprême, qui préside à toute la nature, ne peut pas conserver à jamais ces monades élémentaires auxquelles il a fait des dons si précieux... »

Quant à la guerre contre le fanatisme, elle éclate dans ce livre plus terrible que jamais ; il le poursuit chez tous les peuples, à travers tous les âges :

« Comptons, dit-il, les milliers d'esclaves que le fanatisme a faits, soit en Asie, où l'incirconcision était une tache d'infamie ; soit en Afrique, où le nom de chrétien était un crime ; soit en Amérique, où le prétexte du baptême étouffa l'humanité. Comptons les milliers d'hommes que l'on a vus périr ou sur les échafauds dans les siècles de persécution, ou dans les guerres civiles par la main de leurs concitoyens, ou de leurs propres mains par des macérations excessives. Parcourons la surface de la terre, et, après avoir vu d'un coup d'œil tant d'étendards déployés au nom de la religion, en Espagne contre les Maures, en France contre les Turcs, en Hongrie contre les Tartares, tant d'ordres militaires, fondés pour convertir les infidèles à coups d'épées, s'entr'égorger au pied de l'autel qu'ils devaient défendre ; détournons nos regards de ce tribunal affreux élevé sur le corps des innocents et des malheureux, pour juger les vivants, comme Dieu jugera les morts, mais avec une balance bien différente.

» En un mot, toutes les horreurs de quinze siècles renouvelées plusieurs fois dans un seul, des peuples sans défense égorgés aux pieds des autels, des rois poignardés ou emprisonnés, un vaste Etat réduit à sa moitié par ses propres citoyens, la nation la plus belliqueuse et la plus pacifique divisée d'avec elle-même, le glaive tiré entre le fils et le père; des usurpateurs, des tyrans, des bourreaux, des parricides et des sacriléges, violant toutes les conventions divines et humaines par esprit de religion, voilà l'histoire du fanatisme et ses exploits. »

Voyez aussi, au mot *Tolérance*, cette apostrophe adressée aux persécuteurs :

« Insensés, qui n'avez jamais pu rendre un culte pur au Dieu qui vous a faits! Malheureux! que l'exemple des Noachides chinois, des Parsis et de tous les sages n'a jamais pu conduire! Monstres, qui avez besoin de superstitions, comme le gésier des corbeaux a besoin de charognes!... etc. »

Mais cette œuvre de guerre n'en est pas moins une œuvre de justice; et voilà ce qui, dans cet océan des connaissances humaines, l'empêche de s'égarer, ce qui sert de fanal à son ferme bon sens. Aussi, au milieu de cette polémique ardente, il reste juste, même pour la Bible. Il dit de l'histoire de Joseph : « Cette histoire, à ne la considérer que comme un objet de curiosité et de littérature, est un des plus précieux monuments de l'antiquité qui soient venus jusqu'à nous. Elle paraît être le modèle de tous les écrivains orientaux; elle est plus attendrissante que l'*Odyssée d'Homère ;* car un héros qui pardonne est plus touchant que celui qui se venge.—Nous regardons les Arabes comme les premiers auteurs de ces fictions ingénieuses qui ont passé dans toutes les langues ; mais je ne vois chez eux aucune aventure comparable à celle de Joseph. Presque tout en est merveilleux, et la fin peut faire répandre des larmes d'attendrissement. » (Article *Joseph.*)

Cette justice rendue à la plus belle des traditions hébraïques lui fait d'autant plus d'honneur, que l'on sait combien il fut sévère pour les Juifs et pour tout ce qui tient à ce peuple.

Croit-on que, dans cette œuvre immense, il ne protestât que contre les anciennes institutions? Rien ne lui échappe de ce qui lui paraît nuisible, faux ou injuste. Il repousse les opinions nouvelles, lorsqu'elles peuvent avoir sur les âmes un résultat mauvais ; il réfute même les philosophes, ses meilleurs amis ; il leur dit à tous librement sa pensée, même au *sage Locke*, même à *Newton, le plus grand des hommes*. Une doctrine malheureuse menaçait de se répandre : celle que la nature a tout fait et Dieu rien. — Diderot s'était constitué le propagateur de ce système, et Buffon, qui aurait pu le renverser, ne l'avait pas fait, au contraire. — Mais qu'on voie l'admirable et invincible réponse de Voltaire au mot *Nature!* Il importe de citer ici cet article tout entier.

Dialogue entre le Philosophe et la Nature.

LE PHILOSOPHE.

« Qui es-tu, Nature ? Je vis dans toi, il y a cinquante ans que je te cherche et je n'ai pu te trouver encore.

LA NATURE.

» Les anciens Egyptiens, qui vivaient, dit-on, des douze cents ans, me firent le même reproche. Ils m'appelaient Isis ; ils me mirent un grand voile sur la tête, et ils dirent que personne ne pouvait le lever.

LE PHILOSOPHE.

» C'est ce qui fait que je m'adresse à toi. J'ai pu mesurer quelques-uns de tes globes, connaître leurs routes, assigner les lois du mouvement, mais je n'ai pu savoir qui tu es.

» Es-tu toujours agissante ? es-tu toujours passive ? tes éléments se sont-ils arrangés d'eux-mêmes et comme l'eau se place sur le sable, l'huile sur l'eau, l'air sur l'huile ? As-tu un esprit qui dirige toutes tes opérations, comme les conciles sont inspirés dès qu'ils sont assemblés, quoique leurs membres soient quelquefois des ignorants ? De grâce, dis-moi le mot de ton énigme.

LA NATURE.

» Je suis le grand tout ; je n'en sais pas davantage. Je ne suis pas mathématicienne, et tout est arrangé chez moi selon les mathématiques. Devine, si tu peux, comment tout cela s'est fait.

LE PHILOSOPHE.

» Certainement, puisque ton grand tout ne

sait pas les mathématiques et que tes lois sont de la plus profonde géométrie, il faut qu'il y ait un éternel géomètre qui te dirige, une intelligence suprême qui préside à tes opérations.

LA NATURE.

» Tu as raison : je suis eau, terre, feu, atmosphère, métal, minéral, pierre, végétal, animal. Je sens bien qu'il y a dans moi une intelligence ; tu en as une, tu ne la vois pas. Je ne vois pas non plus la mienne ; je sens cette puissance invisible, je ne puis la connaître : pourquoi voudrais-tu, toi qui n'es qu'une petite partie de moi-même, savoir ce que je ne sais pas ?

LE PHILOSOPHE.

» Nous sommes curieux. Je voudrais savoir comment, étant si brute dans tes montagnes, dans tes déserts, dans tes mers, tu parais pourtant si industrieuse dans tes animaux, dans tes végétaux ?

LA NATURE.

» Mon pauvre enfant, veux-tu que je te dise la vérité ? C'est qu'on m'a donné un nom qui ne me convient pas ; on m'appelle *Nature* et je suis tout art.

LE PHILOSOPHE.

» Ce mot dérange toutes mes idées. Quoi ! la Nature ne serait que l'art ?

LA NATURE.

» Oui, sans doute. Ne sais-tu pas qu'il y a un art infini dans ces mers, dans ces montagnes que tu trouves si brutes ? Ne sais-tu pas que toutes ces eaux gravitent vers le centre de la terre et ne s'élèvent que par des lois immuables ; que ces montagnes qui couronnent la terre sont les immenses réservoirs des neiges éternelles qui produisent sans cesse ces fontaines, ces lacs, ces fleuves, sans lesquels mon genre animal et mon genre végétal périraient ? Et quant à ce qu'on appelle mes règnes animal, végétal, minéral, tu n'en vois ici que trois ; apprends que j'en ai des millions. Mais si tu considères seulement la formation d'un insecte, d'un épi de blé, de l'or et du cuivre, tout te paraîtra merveilles de l'art.

LE PHILOSOPHE.

» Il est vrai. Plus j'y songe, plus je vois que tu n'es que l'art de je ne sais quel grand être bien puissant et bien industrieux, qui se cache et qui te fait connaître. Tous les raisonneurs, depuis Thalès et probablement longtemps avant lui, ont joué à colin-maillard avec toi ; ils ont dit : je te tiens, et ils ne tenaient rien. Nous ressemblons tous à Ixion : il croyait embrasser Junon et il ne jouissait que d'une nuée.

LA NATURE.

» Puisque je suis tout ce qui est, comment un être tel que toi, une si petite partie de moi-même pourrait-elle me saisir ? Contentez-vous, atômes, mes enfants, de voir quelques atômes qui vous environnent, de boire quelques gouttes de mon lait, de végéter quelques moments sur mon sein et de mourir sans avoir connu votre mère et votre nourrice.

LE PHILOSOPHE.

» Ma chère mère, dis-moi un peu pourquoi tu existes, pourquoi il y a quelque chose.

LA NATURE.

» Je te répondrai ce que je réponds depuis tant de siècles à tous ceux qui m'interrogent sur les premiers principes : *je n'en sais rien.*

LE PHILOSOPHE.

» Le néant vaudrait-il mieux que cette multitude d'existences faites pour être continuellement dissoutes ? Cette foule d'animaux nés et reproduits pour en dévorer d'autres et pour être dévorés : cette foule d'êtres sensibles formés par tant de sensations douloureuses, cette autre foule d'intelligences qui, si rarement, entendent raison : à quoi bon tout cela, Nature ?

LA NATURE.

» Oh ! va interroger celui qui m'a faite. »

VI

Questions métaphysiques.

> Je ne veux point établir le trône de Dieu dans les espaces imaginaires.
>
> (VOLTAIRE, *Mélanges philosophiques.*

Nous venons de passer en revue les œuvres vraiment monumentales et impérissables de Voltaire ; il y faut joindre son immense correspondance, la plus admirable qu'aucun homme ait laissée.

Il y faut joindre également quelques-uns de ses pamphlets. Hélas ! on ne lit plus assez ce père de l'esprit moderne : mais nous le citerons, nous citerons le début d'un pamphlet théologique qu'il publie à quatre-vingts ans (en 1774), et qu'il intitule *Il faut prendre un parti, ou le principe d'action :*

« Il ne s'agit ici que d'une petite bagatelle, de savoir s'il y a un Dieu ; et c'est ce que je vais examiner très sérieusement et de très bonne foi, car cela m'intéresse et vous aussi.

» I. *Du principe d'action.* — Tout est en mouvement, tout agit et tout réagit dans la nature.

» Notre soleil tourne sur lui-même avec une rapidité qui nous étonne ; et les autres soleils tournent de même, tandis qu'une foule innombrable de planètes roule autour d'eux dans leurs orbites, que le sang circule plus de vingt fois par heure dans le plus vil de nos animaux.

» Une paille que le vent emporte tend par sa nature vers le centre de la terre, comme la terre gravite vers le soleil, et le soleil vers elle. La mer doit aux mêmes lois son flux et son reflux éternel. C'est par ces mêmes lois que les vapeurs qui forment notre atmosphère s'échappent continuellement de la terre et retombent en rosée, en pluie, en grêle, en neige, en tonnerre.

» Tout est action, la mort même est agissante les cadavres se décomposent, se métamorphosent en végétaux, nourrissent les vivants, qui à leur tour en nourrissent d'autres. Quel est le principe de cette action universelle ?

» Il faut que ce principe soit unique. Une uniformité constante dans les lois qui dirigent la marche des corps célestes, dans les mouvements de notre globe, dans chaque espèce, dans chaque genre d'animal, de végétal, de minéral, indique un seul moteur. S'il y en avait deux, ils seraient ou divers, ou contraires, ou semblables. Si divers, rien ne se correspondrait ; si contraires, tout se détruirait ; si semblables, c'est comme s'il n'y en avait qu'un : c'est un double emploi.

» Je me confirme dans cette idée, qu'il ne peut exister qu'un seul principe, un seul moteur, dès que je fais attention aux lois constantes et uniformes de la nature entière.

» La même gravitation pénètre dans tous les globes, et les fait tendre les uns vers les autres en raison directe, non de leurs surfaces, ce qui pourrait être l'effet de l'impulsion d'un fluide, mais en raison de leurs masses.

» Le carré de la révolution de toute planète est comme le cube de sa distance au soleil (et cela prouve, en passant, ce que Platon avait deviné, je ne sais comment, que le monde est l'ouvrage de l'Eternel géomètre).

» Les rayons de lumière ont leurs réflexions et leurs réfractions dans toute l'étendue de l'univers. Toutes les véritables mathématiques doivent être les mêmes dans l'étoile Syrius et dans notre petite loge.

» Si je porte ma vue ici-bas sur le règne animal, tous les quadrupèdes et les bipèdes qui n'ont point d'ailes perpétuent leur espèce par la même copulation, toutes les femelles sont vivipares.

» Tous les oiseaux femelles pondent des œufs.

» Dans toute espèce, chaque genre peuple et se nourrit uniformément,

» Chaque genre de végétal a le même fonds de propriétés. Certes, le chêne et le noisetier ne se sont pas entendus pour naître et croître de la même façon, de même que Mars et Saturne n'ont pas été d'intelligence pour observer les mêmes lois. Il y a donc une intelligence unique, universelle et puissante qui agit toujours par des lois invariables.

» II. *Du principe d'action nécessaire et éternel.* — Ce moteur unique est très puissant, puisqu'il dirige une machine si vaste et si compliquée. Il est très intelligent, puisque le moindre des ressorts de cette machine ne peut être égalé par nous qui sommes intelligents.

» Il est un être nécessaire, puisque sans lui la nature n'existerait pas.

» Il est éternel, car il ne peut être produit du néant qui, n'étant rien, ne peut rien produire; et, dès qu'il existe quelque chose, il est démontré que quelque chose est de toute éternité. Cette vérité sublime est devenue triviale. Tel a été, de nos jours, l'élancement de l'esprit humain, malgré les efforts que nos maîtres d'ignorance ont faits pendant tant de siècles pour nous abrutir. »

VII

La Religion de Voltaire.

Mon Dieu, j'ai combattu soixante ans pour ta gloire
(Voltaire, *Zaïre*.)

La théologie avait enseigné Dieu aux hommes; Voltaire comprit que le tour de la science était enfin venu; que sur ce point essentiel elle ne pouvait plus, sous peine de déchéance, rester négative, sceptique ou silencieuse. L'homme le plus clairvoyant du siècle, Frédéric (chose bien remarquable !), crut un instant que Voltaire allait fonder une religion nouvelle ; le royal athée écrit au patriarche :

« Il faut que vous ayez une âme bien jeune. »

Une âme bien jeune! En effet, c'était là tout Voltaire.

Aussi, dans la plupart de ses œuvres, et notamment dans le *Dictionnaire philosophique*, son but principal, si enveloppé qu'il soit à dessein, c'est la religion. Il y montre Dieu dans toute sa splendeur, tel qu'il est donné aux peuples modernes de le concevoir, c'est-à-dire (suivant la prophétie de Rabelais) Dieu élargi en magnificence et en bonté. Si donc le révélateur moderne renverse en riant les anciennes idoles (Voy. aux mots : *Inquisition*, — *Tolérance*, — *Fanatisme*, — *Sectes...*), il fonde en même temps la foi nouvelle, basée sur les axiomes de la raison et de la conscience. Qu'on voie les articles *Credo*. — *Religion*, — *Dieu*, — *Théiste*.

Dans cette guerre, déclarée par le XVIIIe siècle à tous les anciens dogmes, lui seul et Jean-Jacques osent encore accepter la légende chrétienne. Ils n'eurent point cette dureté philosophique de demeurer insensibles à ce qui fut l'enchantement de la terre. Il reste à Voltaire, toutefois, une objection contre cette légende, c'est sa mélancolie même ; il protesta toute sa vie en effet contre les religions tristes ; il sent que la gaieté *est le propre de l'homme*. S'il manque d'arguments scientifiques pour oser toujours, par exemple, affirmer, au milieu de ses contemporains sceptiques, l'indestructibilité de son être, jamais il ne put consentir à la nier. Ne s'écrie-t-il pas même quelque part, en 1777, à quatre-vingt-trois ans :

L'homme, émané des cieux pour l'immortalité,
N'eut que Dieu pour père et pour maître.

Il n'y a pas sur ce point le moindre doute dans son cœur. C'est en cette invincible croyance qu'il puise son intrépidité, et c'est par religion qu'il est fort contre les religions. Au plus grand moment de sa vie, lorsqu'éclate l'affaire Calas, il s'écrie : « Je montrerai ma foi par mes œuvres. » Lorsqu'il va se dévouer à la défense des martyrs, il écrit à l'évêque d'Annecy ces admirables paroles :

« Chaque homme doit des sacrifices, chaque homme sait que tous les petits incidents qui peuvent troubler cette vie passagère se perdent dans l'éternité, et que la résignation à Dieu, l'amour de son prochain, la justice, la bienfaisance, sont les seules choses qui nous restent devant le Créateur des temps et de tous les êtres. »

Il écrit à la vieille sceptique, madame du Deffant :

« Soyez très sûre qu'on passe des moments bien tristes à quatre-vingts ans quand on nage dans le doute. »

Que d'autres témoignages du même genre ne pourrait-on pas recueillir dans ses œuvres, surtout dans les dernières ? Mais le plus décisif, c'est qu'il reste joyeux, c'est que le ton est d'un homme que rien n'a pu ébranler ; car le ton, le style, ce je ne sais quoi de l'âme qui transpire dans les paroles et les contredit même parfois, est ici une suprême et incessante félicité. Le cœur se réjouit et se réconforte à voir ce vieillard sourire encore un pied dans la fosse ; car, qu'on ne l'oublie pas, la plupart des pensées d'un homme sont plus celles de son temps que les siennes ; mais ce qui est de lui (Buffon l'a dit) c'est le style. C'est là que l'on connaît un homme, et c'est là que Voltaire se montre en possession d'une âme immortelle, intrépide et perfectible jusqu'à l'infini.

Le trait sacré du *Dictionnaire philosophique*, c'est sa gaieté.

On se plaît à ces francs propos dont quelques lignes suffisent plus que cent volumes à rasséréner l'âme ; on aime ces réflexions joyeuses, ces bonnes histoires, ces plaisants dialogues, ces traits inattendus, ces remarques soudaines et saisissantes. On se sent devenir meilleur et plus indulgent lorsqu'on entend les raisonnements de la bonne sœur *Fessue* et de tous ces personnages qu'il invente à plaisir, qu'il fait paraître et disparaître, comme dans une immense comédie. Comédie divine, dans laquelle notre esprit s'élève des joies de la terre aux joies célestes. Nulle part l'âme n'est plus heureuse et plus à l'aise que lorsqu'elle entend le sauveur des Calas l'entretenir de Dieu. Qu'on voie à l'article *Religion* le passage commençant par ces mots : « Je méditais cette nuit ; j'étais absorbé dans la contemplation de la nature... »

Ajoutons en terminant que, s'il dit quelque part (à l'article *Droit canonique*), que *le concile de Trente sera apparemment le dernier*, il entrevoit ailleurs que le seul concile probable pour l'avenir doit être la convocation des *états généraux du genre humain*.

Il faut voir aussi, à l'article *Foi*, comment la foi nouvelle, basée sur la science et sur la conscience, renverse la foi aveugle du moyen âge, qui n'était qu'incrédulité soumise, esclavage de l'esprit, anéantissement de la raison.

Mais, objectaient quelques penseurs timorés, n'est-il pas dangereux d'agiter ces questions brûlantes? est-il sage de manifester publiquement que l'on pense sur la religion autrement que le vulgaire? La réponse qu'il fait lui-même à cette objection est péremptoire :

« Je sais, dit-il, qu'on prétend que le sage ne doit jamais laisser entrevoir aux profanes ses opinions, qu'il doit être fou avec les fous, imbécille avec les imbécilles; mais on n'a pas encore osé dire qu'il fallait être fripon avec les fripons. Or, si on exige que le sage soit toujours de l'avis de ceux qui trompent les hommes, n'est-ce pas demander évidemment que le sage ne soit pas un homme de bien? Exigera-t-on du médecin qu'il soit toujours de l'avis des charlatans? » (Voy. au mot *Philosophe*.)

Les religions n'avaient été dans le passé qu'un acte de soumission; il voulait que tout culte à l'avenir fût au contraire un acte de liberté. A ses yeux, en effet, il ne pouvait y avoir ni liberté sans Dieu ni Dieu sans liberté; mais il comprit et montra que tous les anciens dogmes étaient l'antipode de l'un et de l'autre. Il jetait donc en réalité, comme l'avait très bien vu Frédéric, les bases d'une religion nouvelle, continuant en ceci l'œuvre de la Renaissance.

Quelles paroles prononça-t-il à l'âge de quatre-vingt-quatre ans sur la tête du petit-fils de Franklin, qui lui demandait sa bénédiction : *Dieu et la liberté!* C'est ce grand côté de Voltaire que n'ont pas su ou que n'ont pas voulu voir les voltairiens. Mais Frédéric, mais Franklin l'avaient parfaitement compris sur ce point. Et depuis, Napoléon a très bien dit : « La France est de la religion de Voltaire. »

Cette mise en liberté du sentiment religieux (atteinte terrible à toute papauté et à tout sacerdoce) lui donna sa vraie force. Comme littérateur, il se montra quelquefois mesquin. Ses comédies sont d'une insignifiance qui étonne. La *Henriade*, très forte comme premier essai d'affranchissement religieux, est faible comme conception poétique. La *Pucelle*, amusement littéraire, écrit pour plaire à ses contemporains, fut dans sa vie une tache qu'il a déplorée lui-même avec amertume ; les hommes les plus estimables de son temps avaient beau lui dire que les sots pouvaient seuls se scandaliser de cette plaisanterie, il ne se consola jamais de la publication qui en fut faite malgré lui. Le résident de France et un autre magistrat très honorable le rassuraient un jour sur l'effet produit par son poëme, mais il n'en resta pas moins « au désespoir, malgré l'indulgence de ces deux hommes graves, car, écrit-il à son ami d'Argental, *je suis plus grave qu'eux.* »

VIII

Voltaire à Ferney. — Publication des premiers écrits de Rousseau.

Nous nous entendons, Jean-Jacques et moi, mes chers amis, comme saint Pierre et saint Paul.

(VOLTAIRE, *Correspondance générale.*)

Voltaire ne mit pas l'esprit nouveau seulement dans les livres; il se fit le banquier, l'armateur, le diplomate et le colonisateur de la philosophie. Il eut des vaisseaux sur toutes les mers, sa fortune dans toutes les entreprises, il créa des fabriques de soie, de bas, de montres, fut agronome, eut une ferme immense qu'il dirigea lui-même et où il devint l'éleveur des plus beaux bestiaux de l'Europe; il bâtit un village, une église, un théâtre; cela ne suffisait pas encore: il devint l'avocat de tous les opprimés, l'adversaire de tous les abus, de toutes les tyrannies.

En 1755, à soixante et un ans, établi à Ferney, sur quatre seigneuries contiguës achetées par lui, et qui s'étendaient à la fois sur deux royaumes et sur deux républiques, c'est-à-dire sur les territoires de France, de Savoie, de Genève et de Suisse, il devint par ses richesses, par ses immenses relations, par son influence et par son génie, le vrai maître du monde. Il eut pour courtisans tous les rois de la terre. Le pape lui-même, ébloui de tant de gloire, envoyait de Rome sa bénédiction à son « cher fils Voltaire. »

N'être pas en correspondance avec Ferney était la plus grande preuve de barbarie qu'on pût alléguer contre un monarque ou un prince; elle suffisait seule à le déshonorer. Aussi, de la Chine et de l'Inde les ambassadeurs se rendaient chez le patriarche. Quelques-uns, à l'imitation de Frédéric, lui écrivaient en vers; cela leur valait en réponse les plus étonnantes épîtres que jamais un simple particulier eût pu écrire à des rois :

Reçois mes compliments, charmant roi de la Chine;
Ton trône est donc placé sur la double colline!
On sait dans l'occident que, malgré mes travers,
J'ai toujours fort aimé les rois qui font des vers;
David même me plut...

Le vieux sultan Moustapha eut seul l'impolitesse de ne lui pas envoyer ses hommages (peut-être lui en voulait-il d'avoir fait descendre son dieu Mahomet au rang d'homme). Mais Voltaire, en riant, dénonce à l'Europe cette incivilité :

... Moustapha, caché dans son palais,
Baille, n'a rien à faire, et ne m'écrit jamais.

On l'a pris pour le flatteur des rois; étrange flatteur! en échange de quelques politesses spirituelles et mordantes, il enlève leur prestige à toutes ces majestés, en nous les montrant et se montrant avec elles en déshabillé sur la scène du monde; sous forme de badinage, il leur fait mille compliments poétiques; mais à ses compliments il mêle la chiquenaude familière, qui souvent fut de sa part un avertissement de génie.

Voltaire, en 1750, était allé à Berlin visiter Frédéric; il comptait, en partant, que de son entente avec un philosophe couronné il pourrait résulter les plus grands avantages pour le développement et l'education du genre humain : j'ai raconté ailleurs en détail * ses déceptions et ses chagrins durant ce voyage en Prusse ; son séjour chez Frédéric n'en dura pas moins trois longues années, qui, après avoir commencé par un enchantement, finirent comme un mauvais rêve.

Pendant son absence, tout avait été si mal en France parmi les philosophes, qu'une académie de province (l'académie de Dijon) avait osé mettre en question l'utilité des sciences et des lettres. Cela seul parut une impertinence à Voltaire : mais ce qui l'indigna bien plus, c'est que le prix proposé fut remporté par un inconnu, qui n'avait pas rougi de traiter ce sujet au point de vue antiphilosophique, et qui, dans une déclamation de collége, parlait de *mettre un frein aux gens de lettres*.

L'auteur, « le nommé Rousseau, » ancien garçon horloger, ancien laquais, était, disait-on, de Genève : il avait plus de quarante ans, et jamais on n'avait entendu parler de lui. D'où, comment, pourquoi venait-il à cet âge troubler l'œuvre des philosophes ? quel était son but ? Lui-même, à cette époque, eût-il pu le dire ? cela paraît douteux. Agité de passions contradictoires, ayant besoin à la fois de recherche et de certitude, plein du désir de rester en communion religieuse et sociale avec les autres hommes, mais ne voulant, ne pouvant renoncer à son développement

* *Voltaire*, 1 vol. in-12, chez Chamerot.

propre, il lui paraissait horrible de substituer quoi que ce fût à la conscience individuelle, même au nom de la religion et de la philosophie. Il voyait là l'origine de toutes les monstruosités morales. La tyrannie religieuse en était née dans les siècles passés ; il sentit que la philosophie aussi pouvait devenir oppressive ; il voulut rester libre devant elle aussi bien que devant l'Eglise. Ame chercheuse et tendre, il ne voulut pas surtout que l'une l'empêchât d'aimer l'autre ; mais la religion et la philosophie devaient être pour cela enlevées à leurs tristes et faux docteurs. Les lettres venaient de mettre un frein au sacerdoce, il proposait maintenant de mettre un frein aux gens de lettres. Il voulait ramener les âmes à la simplicité native, la théologie, selon lui, exigeant des hommes trop de soumission, et la philosophie trop de science. Mais tout ceci n'était que vaguement indiqué dans le discours de Dijon, et ce discours, qui prenait à rebours le siècle tout entier, fut accueilli dans les deux camps par un soulèvement général. Sur la foi de l'académie dijonnaise, on en avait d'abord admiré le style, Voltaire n'y vit qu'une dissertation emphatique et creuse. Heureusement, à l'heure même où paraissait ce malencontreux *Discours*, Diderot et d'Alembert venaient de fonder l'*Encyclopédie*. C'était la grande entreprise du XVIIIe siècle ; il s'agissait d'ériger à la philosophie une citadelle où cette reine nouvelle des nations demeurât à jamais invincible.

« Que l'*Encyclopédie* devienne un sanctuaire

où les connaissances des hommes soient à l'abri des temps et des révolutions ! » disait d'Alembert dans le *Discours préliminaire*.

Tout ce qui s'était fait un nom dans les sciences et les lettres se montra fier de prêter son concours.

Ce fut le temps où Voltaire, devenu tout puissant, s'établissait au centre de l'Europe, où il allait être, dans la plus étrange des seigneuries, le citoyen libre de quatre nations.

Vers cette époque, l'Académie royale de musique représenta un petit opéra intitulé *le Devin du village*. Deux enfants, un vieillard, un chœur de jeunes paysans, quelques couplets naïfs, deux ou trois airs très simples, voilà toute la pièce ; mais ces airs, mais ces couplets étaient la nature même ! Chants de bergers dans les Alpes, voix de l'amour chez deux enfants de seize ans ; on y respirait les parfums enchanteurs des temps primitifs. Les femmes attendries répétaient le charmant air de *Colette* :

J'ai perdu tout mon bonheur,
J'ai perdu mon serviteur ;
Colin me délaisse.

L'effet de ce petit intermède musical ne se peut dire. Ce fut comme une révolution soudaine ; et c'en était une, en effet : les deux bergers, dans leur douce mélodie, venaient de rappeler à la nature cette société artificielle et brillante. De qui donc était cette œuvre charmante ? Paroles et musique, tout était de ce Jean-Jacques Rousseau, de Genève, auteur du Discours antiphilosophique couronné par l'académie de

Dijon. Son nom devint dans Paris, en quelques jours, un des plus célèbres et des plus applaudis...

Le succès du *Devin* était encore dans tout son éclat, lorsque Jean-Jacques étonna de nouveau ses contemporains en publiant dans l'*Encyclopédie* l'article *Economie sociale*. Il venait de faire entrer la musique dans des voies nouvelles, et maintenant il parlait de changer tout l'ordre social ! Voltaire, préoccupé plus que personne de l'apparition dans les lettres et les arts de cet étrange personnage, écrivait partout : « Qu'est-ce que ce Jean-Jacques ? Est-ce un sage, est-ce un fou ? » Diderot, son ami, en faisait les plus grands éloges, et c'était lui qui lui avait ouvert l'*Encyclopédie*. D'Alembert venait d'y publier l'article *Genève*. Quel ne fut pas de nouveau l'étonnement du public lorsque Rousseau, en réponse à cet article, donna sa *Lettre sur les spectacles*. Au milieu des triomphes dramatiques de Voltaire, dont il vantait le génie, au milieu de son propre triomphe, l'auteur du *Devin du village* osait attaquer les représentations théâtrales. Le « Roi-Voltaire » aurait donc toujours maintenant en face de lui ce Jean-Jacques qui faisait son éloge et qui, sur tous les points, n'en paraissait pas moins destiné à le contredire ?

Ainsi, au moment où Voltaire achève d'enrôler les princes sous les drapeaux de la philosophie, lorsque plusieurs rois, presque tous les grands, de nombreux magistrats, des prélats et le pape lui-même semblent favoriser ses idées de réforme, lorsqu'il a placé tout son espoir dans cette noblesse de France, légère de mœurs sans doute, mais spirituelle et généreuse ; au moment, dis-je, où Voltaire, qui a été pendant quarante ans l'enchanteur de l'aristocratie européenne, se croit plus que jamais sûr de trouver en elle le véritable soutien de la liberté contre la tyrannie religieuse, lorsqu'il s'entoure de tous ces gentilshommes et les flatte et les relève à leurs propres yeux, et triomphe en lui-même de les avoir organisés en une véritable armée réformatrice, voilà que ce Jean-Jacques, avec son discours de Dijon, avec son article d'économie sociale et sa lettre sur les spectacles, sans crainte d'isoler la philosophie et de lui enlever tant de puissants appuis, se met à outrager tout ce qu'il y a d'illustre et de puissant en Europe. Il devient évident pour Voltaire que si Rousseau est mis par l'opinion publique au rang des philosophes, il va leur enlever tout crédit auprès des seuls hommes qui aient une action réelle sur le monde et qui, seuls, soient en état d'y apporter les quelques réformes à l'aide desquelles tout pourra être changé à la longue. Que Rousseau eut du talent, là n'était pas la question pour Voltaire, si par lui il se voyait dérangé dans l'œuvre commencée. Aussi, le voit-on chercher à bien séparer la cause des philosophes de celle de Jean-Jacques, en tâchant de l'isoler parmi eux, ou bien s'efforcer de l'amener dans ses propres voies ; pour cela, il va jusqu'à l'inviter à venir partager sa retraite à Ferney, lui promettant de vivre avec lui comme un frère. Mais Jean-Jacques persiste à demeurer seul, à rester pauvre et à demander sa subsistance, comme un simple artisan, au produit journalier de manuscrits de musique qu'il copie à tant la page.

Cependant, Voltaire ne le perd pas un moment de vue ; et, chose étonnante, qu'à peine il se peut expliquer lui-même, il a pour lui des mouvements de tendresse. Il s'informe à tous de ce qu'il fait, de ce qu'il dit, de ce qu'il prépare ; malheureusement, des envieux, des flatteurs, des disciples s'interposent entre ces deux grands hommes, qui, personnellement, ne se connaissent pas, et ces intermédiaires ne font qu'augmenter l'opposition qui existe entre eux, comme autrefois entre saint Pierre et saint Paul. Les disciples empêchent les maîtres de voir que, quoique placés à des points de vue différents, leur tâche est commune. Mais Voltaire lui-même n'en fait pas moins très souvent cette comparaison qui l'honore : « Jean-Jacques et moi, nous sommes comme saint Pierre et saint Paul. »

IX

La Nouvelle Héloïse, le Contrat social, l'Emile, la Profession de foi du Vicaire savoyard.

> Les théologiens, en m'ordonnant d'être humble, ne me feront point être faux ; et les philosophes, en me taxant d'hypocrisie, ne me feront point professer l'incrédulité. Je dirai ma religion, parce que j'en ai une ; et je la dirai hautement, parce que j'ai le courage de la dire.
>
> (Rousseau, *Lettre à l'archevêque de Paris.*)

Jean-Jacques devait causer à son siècle bien d'autres étonnements : avant et après son succès musical il n'avait écrit que pour condamner la littérature et les arts; le théâtre et le roman avaient été surtout l'objet de ses anathèmes; mais, conséquence imprévue! on le vit aussitôt donner au théâtre le *Devin du village;* puis, malgré son succès, vint immédiatement la *Lettre sur les spectacles*, dans laquelle sa colère redouble contre la peinture énervante des passions. Cette lettre singulière, et de beaucoup supérieure au discours de Dijon, commençait à circuler dans toutes les mains, lorsque la nouvelle se répandit que Jean-Jacques venait d'écrire un roman d'amour. Autre bizarrerie : le livre n'était point imprimé; Rousseau en faisait, de son admirable écriture, des copies, chefs-d'œuvre de calligraphie, qu'il vendait à prix d'or aux grandes dames. Il ne pouvait suffire aux demandes. Un cri d'enthousiasme s'échappa du cœur des femmes à cette lecture unique. Pour la première fois, dans ce siècle d'obscénité et de galanteries légères, elles entendaient les accents d'une passion profonde. Le sang, la chair, l'âme humaine, leur semblaient à la fois faire explosion dans les lettres de Saint-Preux et de Julie. Jamais les âcres voluptés de l'amour n'avaient été exprimées avec cette puissance, jamais la parole humaine, depuis l'antiquité, n'avait eu cette flamme. Un tressaillement inexprimable agitait les lectrices, lorsqu'au premier aveu de l'amante elles entendaient cette exclamation terrible de Saint-Preux :

« Puissances du ciel! j'avais une âme pour la douleur, donnez-m'en une pour la félicité. Amour, vie de l'âme, viens soutenir la mienne prête à défaillir.

» Permets, permets que je savoure le bonheur inattendu d'être aimé... aimé de celle... Trône du monde, combien je te vois au-dessous de moi ! Que je la relise mille fois cette lettre adorable où ton amour et tes sentiments sont écrits en caractères de feu !... »

La Nouvelle Héloïse fut la consolation des femmes au XVIIIe siècle ; elles y retrouvèrent la force, la foi en elles-mêmes, la confirmation puissamment exprimée de ces deux instincts invincibles chez elles : *amour*, *honneur*. C'est par ces deux sentiments qu'elles sont la vraie force du monde (épouses et mères). Rousseau leur rendait donc le sceptre. Si jamais livre a consolé et relevé des âmes, ce fut celui-ci. Elles apprenaient comment, même après la faute, on peut se relever ; elles apprenaient que, même au delà de la première innocence, il y a pour la femme, grâce à la maternité, une innocence reconquise. Ce point fut celui que les critiques attaquèrent ; mais là fut précisément l'ardent intérêt du livre pour les lectrices... Qui eût pu les voir la nuit, lisant seules, immobiles, ces pages brûlantes, que de sanglots il eût recueillis, et comme il les eût vues suivre avec anxiété et bonheur le retour de *Julie* vers la vertu ! Elles lisaient dans le mystère, en silence, comme elles eussent lu une lettre d'amour. C'en était une, en effet, adressée par Jean-Jacques à toutes les femmes. C'était lui, c'était son écriture que l'on avait sous les yeux ! Ces magnifiques cahiers, attachés avec de la nompareille bleue, séchés avec de la poudre d'azur et d'argent, il les avait faits lui-même! Le livre semblait chaud encore du toucher de l'auteur! Oh! combien de lectrices, en lisant, le baisèrent!

Jean-Jacques, dans ce livre de femmes, avait pourtant mis, çà et là, quelques traits pour les hommes, par exemple, la lettre sur le suicide qui arrache à Voltaire un cri d'admiration. Il avait cherché aussi à y réconcilier la religion et la science, « dans un but de concorde et de paix publique, » disait-il : car des déclamateurs s'étant mêlés aux encyclopédistes, et le parti opposé étant tombé dans les violences les plus folles, « l'orage, dit-il, loin de se calmer, était alors dans sa plus grande force. Les deux partis, déchaînés l'un contre l'autre avec la dernière fureur, ressemblaient plutôt à des loups enragés, acharnés à s'entre-déchirer, qu'à des chrétiens et des philosophes qui veulent réciproquement s'éclairer, se convaincre et se ramener dans les voies de la vérité. Il ne manquait peut-être à l'un et à l'autre que des chefs remuants qui eussent du crédit, pour dégénérer en guerre civile. »

C'était pour éclairer et pour apaiser les uns et les autres, s'il eût été possible, qu'il avait tracé les deux caractères de Wolmar et de Julie, et montré, dans ces deux personnages, le caractère du vrai philosophe et de la femme pieuse. Il apprenait aux hommes à s'entre-respecter au milieu de leurs croyances diverses. »

Le retentissement de ces écrits, publiés à de

courts intervalles, avait porté tout à coup le nom de Rousseau à la hauteur de celui de Voltaire, et il était maintenant une des puissances du siècle.

Il y avait une préface en tête de l'*Héloïse* ; mais, qui eût pu s'y attendre? Jean-Jacques y renouvelait sa condamnation des romans et de ceux qui les lisent. Qu'un auteur, au début d'une œuvre, protestât contre cette œuvre, contre ses lecteurs et contre lui-même, voilà, certes, de quoi surprendre. Et pourtant, cette protestation n'était pas, comme on eût pu le croire, un simple jeu d'esprit : on y sentait comme un cri de douleur sorti des profondeurs d'une âme affolée au spectacle des corruptions sociales. Cette préface unique ne voulait dire aux lecteurs rien autre chose que ceci : Ni vous ni moi n'aurions pris intérêt à ce livre, si déjà nous ne nous sentions déchus de nous-mêmes. Son charme ne vient que de notre misère. Nous repousserions bien loin ces émotions romanesques, ou plutôt nous y serions absolument étrangers, si nous étions restés dans la vérité et dans la nature. Mais citons cette déclaration étrange de Jean-Jacques aux lecteurs de la *Nouvelle Héloïse* :

« Il faut des spectacles dans les grandes villes et des romans aux peuples corrompus. J'ai vu les mœurs de mon temps, et j'ai publié ces lettres : que n'ai-je vécu dans un siècle où je dusse les jeter au feu !

» Quoique je ne porte ici que le titre d'éditeur, j'ai travaillé moi-même à ce livre, et je ne m'en cache pas. Ai-je fait le tout et la correspondance entière est-elle une fiction ? Gens du monde, que vous importe ? c'est sûrement une fiction pour vous.

» Tout honnête homme doit avouer les livres qu'il publie : je me nomme donc à la tête de ce recueil, non pour me l'approprier, mais pour en répondre. S'il y a du mal, qu'on me l'impute ; s'il y a du bien, je n'entends point m'en faire honneur. Si le livre est mauvais, j'en suis plus obligé de le reconnaître, je ne veux pas passer pour meilleur que je ne suis.

» Quant à la vérité des faits, je déclare qu'ayant été plusieurs fois dans le pays des deux amants, je n'y ai jamais ouï parler du baron d'Estange, ni de sa fille, ni de M. d'Orbe, ni de milord Edouard Bomston, ni de M. de Wolmar ; j'avertis encore que la topographie est grossièrement altérée en plusieurs endroits, soit pour mieux donner le change au lecteur, soit qu'en effet l'auteur n'en sut pas davantage. Voilà tout ce que je puis dire : que chacun pense comme il lui plaira.

» Ce livre n'est point fait pour circuler dans le monde, et convient à très peu de lecteurs. Le style rebutera les gens de goût ; la matière alarmera les gens sévères ; tous les sentiments seront hors de la nature pour ceux qui ne croient pas à la vertu. Il doit déplaire aux dévôts, aux libertins, aux philosophes ; il doit choquer les femmes galantes et scandaliser les honnêtes femmes. A qui plaira-t-il donc ? Peut-être à moi seul ; mais à coup sûr, il ne plaira médiocrement à personne.

» Quiconque veut se résoudre à lire ces lettres

doit s'armer de patience sur les fautes de langue, sur le style emphatique et plat, sur les pensées communes rendues en termes ampoulés ; il doit se dire d'avance que ceux qui les écrivent ne sont pas des Français, des beaux-esprits, des académiciens, des philosophes ; mais des provinciaux, des étrangers, des solitaires, des jeunes gens, presque des enfants, qui, dans leurs imaginations romanesques, prennent pour de la philosophie les honnêtes délires de leur cerveau.

» Pourquoi craindrais-je de dire ce que je pense ? Ce recueil, avec son gothique ton, convient mieux aux femmes que les livres de philosophie : il peut même être utile à celles qui, dans une vie déréglée, ont conservé quelque amour pour l'honnêteté. Quant aux filles, c'est autre chose : jamais fille chaste n'a lu de romans, et j'ai mis à celui-ci un titre assez décidé pour qu'en l'ouvrant on sût à quoi s'en tenir. Celle qui, malgré ce titre, en osera lire une seule page, est une fille perdue ; mais qu'elle n'impute point sa perte à ce livre : le mal était fait d'avance. Puisqu'elle a commencé, qu'elle achève de lire, elle n'a plus rien à risquer.

» Qu'un homme austère, en parcourant ce recueil, se rebute aux premières parties, jette le livre avec colère et s'indigne contre l'editeur, je ne me plaindrai point de son injustice ; à sa place, j'en aurais pu faire autant. Que si, après l'avoir lu tout entier, quelqu'un m'osait blâmer de l'avoir publié, qu'il le dise, s'il le veut, à toute la terre ; mais qu'il ne vienne pas me le dire, je sens que je ne pourrais de ma vie estimer cet homme-là. »

J'ai dit qu'il y avait dans l'*Héloïse* deux choses nouvelles : d'abord une peinture des passions inconnue jusque-là à la prose française, ensuite un essai de conciliation entre la religion et la philosophie. Ces deux points eussent suffi au succès du livre ; mais le génie de Rousseau sut y en introduire un troisième : la nature. Il choisit pour paysages les Alpes, les lacs, les vallées enchanteresses de la Suisse. Ce livre allait donner à tous le goût de la vie champêtre ; on vit sous son influence s'élever dans toutes les campagnes les jolies maisonnettes à contrevents verts (3), et toutes, grâce aux leçons de Jean-Jacques, surent désormais se placer aux endroits les mieux orientés. L'amour de l'espace, du plein air, des sites étendus et des gracieux paysages, pour la première fois s'universalisa. On vit les cabarets populaires prendre pour enseigne : *A la belle vue* ; c'était le signe d'un changement de mœurs encore à son aurore, mais dont le résultat (très appréciable de nos jours) devait être la transformation des campagnes. Cette révolution allait inoculer, même aux villes, le goût du plein air. C'est le souffle de Jean-Jacques qui, depuis lors, renversa les malsaines et sombres cités bâties par le moyen âge ; c'est à son heureuse influence que nous devons de voir partout se créer les promenades plantées d'arbres, les jardins publics, les squares. Ce besoin si nouveau chez les peuples modernes de se sentir en communication avec la nature, date de l'*Héloïse*, du *Vicaire* *savoyard* et des *Confessions* ; mais il faut voir ici autant l'influence de la Suisse que l'influence de Jean-Jacques. La nature, seule souveraine en ce pays unique, n'avait point permis que l'homme pût, comme ailleurs, complétement se citadiniser *.

Le *Contrat social*, l'*Emile*, le *Vicaire savoyard*, la *Lettre à l'archevêque de Paris* se succédèrent coup sur coup ; l'admiration, l'étonnement, la colère, furent portées à leur comble. Voltaire s'écrie : « Oh ! comme nous aurions aimé ce fou s'il n'avait pas été un faux frère ! » Et ailleurs : « Jean-Jacques eût été un Paul s'il n'avait pas mieux aimé être un Judas. »

Mais qu'on voie, dans sa correspondance, son enthousiasme lorsque paraît la *Profession de foi du Vicaire savoyard* ! A propos du *Contrat social* ou de certains passages de l'*Emile*, il répète souvent : « Jean-Jacques est fou, cela est certain ! » mais s'interrompant tout à coup, il manque rarement d'ajouter : « Et pourtant ce fou a fait le *Vicaire savoyard* ! Lisez, mes frères, propagez les saines doctrines du vicaire de Jean-Jacques : c'est le sermon sur la montagne. J'ai fait relier en or ce petit livre. »

La nature, dans l'*Emile* et le *Vicaire*, apparaissait avec toute sa magnificence : jamais les montagnes, les horizons lointains, les nuages

* Rousseau avait les villes en horreur : « Les hommes, dit-il, ne sont point faits pour être entassés en fourmilières, mais épars sur la terre qu'ils doivent cultiver... Les villes sont le gouffre de l'espèce humaine. » (*Emile*, liv. I.)

n'avaient été décrits avec cette éloquence. L'émotion de Jean-Jacques en présence de tant de beautés, aperçues, ce semble, pour la première fois, devait se communiquer et rester à jamais au cœur des hommes. Nous emportons tous depuis un siècle, ineffaçablement, le souvenir des Charmettes. Le site enchanteur au milieu duquel le vicaire savoyard ouvre son âme au jeune philosophe, nous le voyons encore : « ...Dans l'éloignement, l'immense chaîne des Alpes couronnait le paysage ; les rayons du soleil levant rasaient déjà les plaines, et, projetant sur les champs, par longues ombres, les arbres, les coteaux, les maisons, enrichissaient de mille accidents de lumière le plus beau tableau dont l'œil humain puisse être frappé. On eût dit que la nature étalait à nos yeux toute sa magnificence pour en offrir le texte à nos entretiens. »

A l'heure même où Rousseau publiait presque coup sur coup ces livres sans exemple, et pour ainsi dire sans préludes dans la littérature française, Montesquieu, Buffon, Diderot, d'Alembert étaient eux-mêmes dans toute leur puissance : Voltaire régnait à Ferney ; l'Europe entière lisait l'*Encyclopédie* et croyait y tout apprendre.

Imprudents! s'écriait Jean-Jacques, vous refaites l'œuvre coupable des théologiens ; ils avaient mis entre l'homme et Dieu leurs doctrines insensées, et vous y remettez vos systèmes; vous recommencez à charger les épaules du peuple de fardeaux qu'il ne peut et ne veut plus porter ; vous troublez et gâtez un des plus beaux mouvements qu'il y ait eus dans l'histoire. A l'heure où par toute la terre les hommes commencent à s'affranchir, vous voulez imposer des études impossibles aux multitudes. Les théologiens, au nom de la foi, nous demandaient trop de soumission ; imitateurs du passé, pour nous inculquer votre philosophie vous nous demandez trop de science. Le christianisme déclarait les hommes damnés dès leur naissance, et vous aussi vous les croyez si défectueux, tels que Dieu les a faits, que vous voulez les refaire. Les anciens dogmes admettaient une révélation unique pour tout le genre humain et pour tous les siècles ; ils rétrécissaient ainsi la puissance divine ; au lieu de l'élargir vous la rétrécissez encore. Vous ne comprenez pas que toute âme en naissant apporte sa révélation personnelle. Quel droit sans cela aurions-nous à la liberté ? et qui pourrait songer à s'affranchir du niveau général ? L'homme était né bon et saint, vous le rendez méchant ; il était né libre, vous en faites un esclave ; il devait être son éducateur et son maître à lui-même, vous en faites un disciple. Jeune précepteur, s'écrie-t-il en commençant l'*Emile*, je veux vous apprendre à tout faire en ne faisant rien. Il dit ailleurs : « Notre manie enseignante et pédantesque est toujours d'apprendre aux enfants ce qu'ils apprendraient beaucoup mieux d'eux-mêmes... » Dans sa *Lettre à l'archevêque de Paris*, il dit encore : « J'établis l'éducation négative. » L'*Emile* fut au XVIIIe siècle la joie des mères et des enfants ; il établissait pour ceux-ci le droit au bonheur et à la liberté ; il montrait que l'enfance a sa philosophie qui vaut bien la nôtre : « L'enfance a des manières de voir, de penser, de sentir, qui lui sont propres; rien n'est moins sensé que d'y vouloir substituer les nôtres. » Il donnait pour devoir aux femmes d'allaiter leurs enfants; c'était leur commander, à elles, aussi le bonheur. Quelques philosophes sourirent des paradoxes de Jean-Jacques, mais les femmes se passionnèrent pour ce livre unique. L'*Héloïse* leur avait appris l'amour; elles apprenaient dans l'*Emile* la maternité. Il restait désormais acquis que ces deux sentiments sont les seules bases impérissables de l'ordre social. Il rendait ainsi à la femme son rang de souveraine et l'appelait à régner sur le plus divin et le plus cher de tous les royaumes : la famille. Et que fallait-il faire pour l'éducation de cette souveraine, sinon la laisser à son propre cœur? Dieu, qui lui a mis pour l'enfant le lait à la mamelle, peut-il lui avoir refusé les trésors nécessaires à l'allaitement moral?

Voilà ce que Rousseau enseignait à son siècle ; mais il fit plus encore.

Contre la puissance nobiliaire et cléricale, Voltaire avait contribué à fonder la royauté financière : il prêtait aux princes et ne craignait pas aux échéances d'envoyer les huissiers au duc de Richelieu lui-même... Cette omnipotence passagère de l'argent et de l'industrie, destinée à renverser un ancien ordre de choses, devait aller grandissant pendant plus d'un siècle, jusqu'à ce qu'elle-même, ayant accompli sa tâche, donnât au monde le spectacle de sa propre ruine; mais en face de cette puissance nouvelle, encore à son aurore, Rousseau, par sa vie plébéienne, fondait la puissance de la pauvreté. Il savait d'ailleurs ce que ne savait aucun des philosophes ses contemporains, il savait combien il est cruel et humiliant pour un homme d'être asservi, sous quelque nom que ce soit, aux fantaisies d'un autre homme. Il avait été laquais ; il avait été presque mendiant ; pour lui donner du pain, on l'avait fait, à deux reprises, changer de religion : on l'avait contraint, lui le plus vrai des hommes, à de triples mensonges. Il eût voulu aimer, on avait allumé en lui la haine ; il eût voulu être grand, probe et généreux, on l'avait contraint d'user de petitesses ; s'il n'eût incessamment veillé sur lui-même, on l'eût rendu voleur *. Maîtrise et domesticité, il avait dès sa jeunesse pris en telle horreur ces deux mots, qu'il eût voulu les effacer de toute langue humaine, car il était bien sûr que Dieu n'avait créé ni le mot ni la chose.

L'Europe entière était attentive à ses discours : es philosophes se taisaient, Voltaire seul ne savait retenir ni ses élans d'enthousiasme, ni ses mouvements de colère ; il lui sembla que Jean-Jacques allait discréditer la grande et puissante association de philosophes que lui, Voltaire, venait avec tant de peine d'organiser depuis Madrid jusqu'à Saint-Pétersbourg. Lui seul osa entrer en lice avec Jean-Jacques : il en résulta entre ces deux hommes un des plus magnifiques dialogues que les peuples eussent jamais enten-

* Encore se surprit-il quelquefois buvant, en leur absence, le vin de ses maîtres, et se réjouissant du vin bu bien moins que de l'espièglerie.

dus. Tous deux veulent la liberté, tous deux, avec un égal courage, travaillent à affranchir la personnalité humaine ; mais pour la rénovation sociale qu'ils préparent, Voltaire et Rousseau ne pouvaient trouver, dans leurs situations opposées, ni le même levier ni le même point d'appui. Voltaire pensait qu'en renouvelant d'esprit les vieilles aristocraties, on pourrait arriver par elles à réformer l'Europe. Rousseau voulait, au contraire, que le nouvel esprit fût prêché à de nouveaux hommes. Tous ses écrits sont un appel aux hommes de la nature, aux *non-civilisés*.

Mais ces gens-là, par leur simplicité même, dit Voltaire, seront la proie éternelle des charlatans...

— Eh ! de quel droit, répondait fièrement Jean-Jacques, les empêcherez-vous d'être ce qu'ils veulent être?... L'instinct des simples est un excellent guide : qu'on leur permette seulement d'être en liberté ce que la nature les a faits ; qu'on les laisse à eux-même : qu'on éloigne d'eux théologiens, philosophes, prédicateurs de tout genre, alors ils pourront entendre la vraie loi s'éveiller au fond de leur cœur, et ils vous diront bientôt que nul homme n'a le droit de gouverner d'autres hommes sans leur consentement. Donc, sans le suffrage populaire universel, aucune autorité ni chez le prêtre, ni chez le prince, ni chez le philosophe !

— Quoi ! vous ferez asseoir la Raison, le Droit, la Justice, la Philosophie elle-même au tribunal de l'imbécillité populaire? Vous ferez dépendre le droit traditionnel et sacré des familles du sentiment d'envie qui anime partout le peuple contre les grands! Ne voyez-vous pas que vous brisez les liens de la société? Comment pouvez-vous sans rougir assimiler la philosophie aux malheureuses doctrines des prêtres qui, pendant mille ans, ont prêché le mensonge? Ne comprenez-vous pas la différence qui existe entre les rêveries dangereuses d'un jacobin ou d'un dominicain, et les vérités enseignées par les Galilée, les Kepler, les Newton? Les sciences, depuis deux siècles, malgré les prêtres, ont replacé l'élite du genre humain dans les voies saintes de la lumière et de la justice, et c'est à cette élite qu'il appartient de gouverner le monde. Il n'y a sur cela à consulter personne, ni prêtres, ni peuple, il faut que la raison sente sa force et l'exerce. Malheur à qui voudrait encore la repousser! Ce qui n'a plus le droit de gouverner les hommes, ce sont les religions prétendues révélées miraculeusement un certain jour, dans un certain lieu; mais ce droit, perdu pour les religions, la philosophie en hérite, parce qu'elle est pour le sage la révélation incessante universelle où l'être des êtres, par la conscience et la science, s'est toujours et de plus en plus manifesté aux hommes. Celui à qui sa raison n'affirme pas avec assez de force cette vérité, et qui cherche une autre base au droit de gouverner et d'instruire, n'est qu'un insensé.

— Et si le philosophe orgueilleux qui prétend gouverner est devenu insensé lui-même, ou bien si par quelque erreur naturelle à l'esprit humain il trompe, attriste et fait souffrir des milliers d'hommes, qui donc, sinon le peuple, aura le droit de prononcer sa déchéance? »

Qu'on relise, dans l'ordre où elles parurent, les œuvres de Voltaire et de Rousseau, et qu'on juge si elles ne se résument pas en partie dans le dialogue qui précède.

S'ils ne s'entendent pas sur la question de réformer et de gouverner la société humaine, ils sont en désaccord aussi (et cela devait être) sur la question de l'éducation, qui est au fond la même. Rousseau veut qu'on laisse le peuple et les enfants penser par eux-mêmes et se développer chacun suivant sa nature propre, en leur donnant seulement tous les moyens d'être ce que Dieu les a faits, en ne troublant pas de nos dogmes leur développement personnel. Tout homme en naissant apporte sa loi, sa foi, une religion tout entière. Si vous y substituez autre chose, vous perdez tout, vous créez le vide, vous faites un sacrilége ; vous anéantissez tout un code, toute une religion, toute une poésie, tout un monde ; vous détruisez une âme, vous étouffez une des voix de la révélation divine, car tout homme en naissant, si vous le laissiez libre, apporterait son mot au livre éternel.

Mais pour Voltaire la vie est un combat ; il veut que de bonne heure on arme l'enfant contre l'ennemi qui l'entoure. L'ennemi c'est le fanatisme, et l'arme c'est la philosophie. Il veut qu'en opposition au Dieu des prêtres, on lui enseigne le Dieu des philosophes, celui qu'ont adoré Marc-Aurèle, Socrate, Platon, etc.

Mais Dieu, disait Jean-Jacques, n'est pas seulement le dieu des philosophes, il est le dieu de tous, le dieu des savants et des simples ; il se communique à chaque âme suivant ses besoins et ses facultés; il ne se montre pas au pauvre pasteur des montagnes sous le même aspect qu'à Newton. Laissons chacun voir Dieu comme il se manifeste à lui. En voulant violenter les âmes, on les perd.

Aussi le premier mot de l'*Emile* : « Tout est bien en sortant des mains de l'auteur des choses.... Mais l'homme bouleverse tout, il défigure tout.... Il ne veut rien tel que l'a fait la nature, pas même l'homme : il le faut dresser... »

Et plus loin : « Jeune instituteur, je vous prêche un art difficile, c'est de gouverner sans préceptes et de tout faire en ne faisant rien. »

La *Profession de foi du Vicaire savoyard*, comment commence-t-elle? — « Je ne veux pas argumenter avec vous, ni même tenter de vous convaincre : il me suffit de vous exposer ce que je pense dans la simplicité de mon cœur. Consultez le vôtre durant mon discours; c'est tout ce que je vous demande. »

Chose admirable et qui peint bien ces deux hommes! le moment où Rousseau publie *Emile ou de l'Education* est celui où Voltaire vient de donner le roman de *Candide*, c'est-à-dire l'histoire d'un jeune homme qui n'ayant rien appris sera partout dupe. Voltaire écrivait donc la critique de l'*Emile* avant que l'*Emile* eût paru. C'est encore dans le même esprit que, dix ans plus tard, il publia l'*Ingénu*. Il faut (telle en est la pensée) que les sages, que les philosophes, que les tuteurs des peuples instruisent les mineurs à se défendre, qu'ils leur apprennent dès l'enfance à manier les armes contre le fanatisme, et contre cet ennemi point de meilleure arme que la philosophie !

Tous les points où Voltaire, dans sa guerre contre la superstition, va au delà du vrai, sont presque toujours admirablement relevés par Rousseau, mais sans que cela dégénère jamais en personnalité ou en critique directe.

Qu'on lise dans le *Dictionnaire philosophique* l'article *Hérésie*, on verra que ce mot veut dire *opinion choisie*, et que l'histoire de presque toutes les hérésies est celle des opinions du petit troupeau des sages toujours calomniés et persécutés par les prêtres, en même temps qu'ils étaient méconnus, abandonnés, reniés et insultés par la multitude. Là-dessus tous les partisans de Voltaire : philosophes, poëtes, moralistes, romanciers, et des prédicateurs eux-mêmes, et toutes les belles dames, et tout le monde de n'estimer plus que l'*opinion choisie* des seuls philosophes. Il fallait entendre cela dans les petits soupers, chez le baron d'Holbach par exemple ! Jamais on n'avait poussé à cet excès le mépris des foules. S'éloigner du sens commun était devenu presque un mérite. Il était beau d'entendre Rousseau leur répondre ! aussi se fâcha-t-il avec les *holbachiens* (c'est le nom qu'il leur donne). Si ces foules instinctives n'existaient pas, leur disait-il, pour contenir le dévergondage de vos *opinions choisies*, la société humaine s'en irait sans règle et sans frein de folies en folies. Vous avez l'esprit, le charme, la grâce, je ne le sais que trop ; mais le sens humain, la pensée saine et simple, la pureté des mœurs (qui fait aussi la pureté de l'âme) ne nous sont conservés que par ces ignorants.

J'ai dit que les réponses de Jean-Jacques, lorsqu'il s'adresse à Voltaire lui-même, ne dégénéraient jamais en critiques blessantes ; citons-en un exemple très significatif.

Voltaire, on le sait, avait rapporté de ses conversations en Angleterre avec les *free thinkers*, avec les Bolingbrok et les Warburton, un profond mépris pour la nation juive et pour son législateur. Les mêmes *libres penseurs* l'avaient accoutumé à mépriser Mahomet (il est vrai qu'il se reprocha de l'avoir peint, dans sa tragédie, plus méchant qu'il n'était). Rousseau voulut donc, dans le *Contrat social*, rétablir, en faveur des deux grands législateurs de l'Orient, Moïse et Mahomet, l'équilibre rompu par le philosophisme : « La loi judaïque, dit-il, toujours subsistante, celle de l'enfant d'Ismaël, qui depuis dix siècles régit la moitié du monde, annoncent encore aujourd'hui les grands hommes qui les ont dictées ; et, tandis que l'orgueilleuse philosophie ou l'aveugle esprit de parti ne voit en eux que d'heureux imposteurs, le vrai politique admire dans leurs institutions ce grand et puissant génie qui préside aux établissements durables. »

Voici pour le deuxième exemple :

L'impératrice de Russie, Catherine II, venait de monter sur le trône : les philosophes ne pouvaient pas deviner, à huit cents lieues de distance, que cette femme allait être pour la philosophie ce qu'est *Tartufe* dans la maison d'Orgon. Elle appelait Diderot auprès d'elle, voulait faire élever son fils par d'Alembert avec un traitement annuel de cent mille francs. Elle proposait de faire imprimer l'*Encyclopédie* dans ses Etats: elle encensait Voltaire, lui promettait d'étendre la philosophie sur deux mille lieues de pays; elle le comblait d'éloges, de cadeaux, d'envois de manuscrits précieux sur l'histoire de Russie, le déterminait à sacrer en quelque sorte son naissant empire, en immortalisant par sa plume l'histoire de ses commencements: Voltaire écrivit sa belle histoire du czar Pierre le Grand, dont le vrai nom (lui-même l'avoue quelque part, à propos de la mort du czarowitz) eût dû être Pierre le Cruel. Le fondateur de l'empire russe fut, aux yeux des peuples civilisés, agrandi de toute la grandeur du génie de Voltaire. Il faut bien dire que celui-ci se laissa prendre moins aux avances de la grande Catherine, à laquelle, après tout, il ne se fia guère, que par la joie de voir fonder encore un empire hérétique, un empire d'où l'on chassait les moines et dans lequel le pouvoir civil promettait d'absorber le pouvoir religieux; mais Voltaire ne prévoyait pas que les czars, au milieu de ces peuples barbares, se feraient papes eux-mêmes. Cette admiration pour la Russie naissante ne fut pas l'erreur de Voltaire, ce fut celle de son siècle : Buffon, Diderot, d'Alembert, tous les philosophes du temps la partagèrent. Diderot, qui alla en Russie, qui eût pu étudier les choses de plus près, revint enthousiasmé de la *Sémiramis du Nord*, et, par ses récits, il ne fit qu'augmenter l'admiration louangeuse des philosophes, tout heureux de se voir protéger par des souverains étrangers lorsqu'ils ne rencontraient chez eux que persécutions. La faute était à ceux qui forçaient les maîtres de la pensée moderne à chercher un asile chez les peuples du Nord. Louis XV, en se laissant aller aux conseils des prêtres, contribua puissamment à illustrer et à fortifier dans l'opinion publique les trois royaumes d'Angleterre, de Prusse et de Russie. La politique ecclésiastique ne semblait avoir pour but que de vouer à la mort les nations restées catholiques. Déjà sous Louis XIV, par la révocation de l'édit de Nantes, elle avait exilé de France le négoce et l'industrie : elle eût voulu, au XVIIIe siècle, y comprimer le grand mouvement intellectuel qui était à cette époque la vraie force du monde. Mais la vie est la vie ; si on l'étouffe ici, elle surgit ailleurs. La plupart des philosophes placèrent donc leur espoir dans les peuples du Nord. Voltaire, en 1762, s'écrie : « Cet empire russe deviendra l'arbitre du Nord ; je vous en avertis, messieurs les Français. »

Rousseau seul sent bien qu'ici les philosophes se trompent ; Voltaire vient de publier son *Histoire de Pierre le Grand*, lorsqu'il écrit dans le *Contrat social :* « Les Russes ne seront jamais vraiment policés, parce qu'ils l'ont été trop tôt. Pierre avait le génie imitatif ; il n'avait pas le vrai génie, celui qui crée et fait tout de rien ; quelques-unes des choses qu'il fit étaient bien, la plupart étaient déplacées. Il a vu que son peuple était barbare, il n'a point vu qu'il n'était pas mûr pour la police ; il l'a voulu civiliser quand il ne fallait que l'aguerrir. Il a d'abord voulu faire des Allemands, des Anglais, quand il fallait commencer par faire des Russes : il a empêché ses sujets de devenir jamais ce qu'ils pourraient être, en leur persuadant qu'ils étaient ce qu'ils ne sont pas. C'est ainsi qu'un précepteur français forme son élève pour briller un moment dans son enfance, et puis n'être jamais rien. L'empire de Russie voudra subjuguer l'Europe, et sera subjugué lui-même. Les Tartares, ses sujets ou ses voisins, deviendront ses maîtres et les nôtres : cette révolution me paraît infaillible. Tous les rois de l'Europe travaillent de concert à l'accélérer. »

Que voit Jean-Jacques dans le czar Pierre? un éducateur tyrannique, un homme qui a voulu policer à la manière européenne des peuples qu'on devait laisser suivre leur développement propre au lieu de leur imposer, comme il le fit, une existence étrangère. Prenez garde, éducateur cruel ! puisqu'au nom de votre civilisation européenne vous êtes venu troubler ces peuples dans leur indépendance heureuse et dans leur vie nationale ; prenez garde, dis-je, que ces peuples barbares ne viennent à leur tour troubler votre civilisation. Ah ! philosophes ! philosophes, et bâtisseurs de cités ! ne combattez pas la nature, car la nature est plus forte que vous ; loin de la combattre, revenez à elle, écoutez ses instincts, refaites-vous hommes, laissez là, pour commencer, toutes vos abstractions sociales, vos titres imaginaires, remontez à la seule dignité vraie, à la dignité d'hommes. Ne soyez que cela, rien de plus. Renoncez surtout, si vous voulez vivre encore, à cette oisiveté funeste, renoncez-y par respect de vous-mêmes, car *tout homme oisif est un fripon*; renoncez-y par prudence, car celui qui fuit le travail court à sa propre ruine.

X

Malice de Voltaire et attitude de Jean-Jacques devant le roi de Prusse. — Les procès Calas, Sirven, Lally, etc. — Le petit Pichon.

Je ne puis m'imaginer qu'on n'ait de chaleur que pour des vers de tragédie.

VOLTAIRE, *Lettre à d'Argental.*

Voltaire et Rousseau ont eu sur la société moderne une influence immense. Le monde d'aujourd'hui vit de leur parole, comme le moyen âge vivait des Pères de l'Eglise; leurs adversaires eux-mêmes sont, sans le savoir, animés de leur souffle; tous ont subi cette action mystérieuse. Un demi-siècle après la mort de Voltaire, le moins enthousiaste des hommes, le vieux prince de Talleyrand, ne parlait jamais sans émotion d'une visite qu'il avait faite à Voltaire dans sa jeunesse. Il ne croyait plus à rien, mais il croyait encore au défenseur de Calas: « Si Ferney, disait-il, n'avait pas été rendu à la France, je n'aurais jamais signé le traité de Vienne. »

Le culte que l'antiquité vouait à ses grands hommes, pourquoi l'âge moderne ne le vouerait-il pas à ses héros et aux maîtres de sa pensée?

N'oublions pas les belles et sages paroles de Montaigne : « La même peine qu'on prend à détracter de ces grands noms et la même licence, je la prendrois volontiers à leur prêter quelque tour d'épaule pour les hausser. Ces rares figures, et triées pour l'exemple du monde par le consentement des sages, je ne feindrois pas de les recharger d'honneur, autant que mon invention pourroit, en interpretation et favorable circonstance ; et il faut croire que les efforts de notre invention sont bien au-dessous de leur mérite. C'est l'office des gens de bien de peindre la vertu la plus belle qui se puisse ; et ne nous messieroit pas, quand la passion nous transporteroit à la faveur de si saintes formes. » La plupart des historiens de Voltaire et de Jean-Jacques ont cru devoir faire un parallèle de leurs œuvres et de leurs personnes. Tâche difficile ! car on sait à peine quel point de comparaison trouver entre ces deux hommes, si différents en tout. Pour mettre en saillie cette différence, il n'est nullement nécessaire de les suivre dans tous les détails de leur longue existence. Un seul trait les fera connaître :

En 1741, le vieux roi de Prusse Frédéric-Guillaume étant mort, le nouveau roi, Frédéric II, annonce, de sa propre main, à Voltaire, son avénement au trône. Le rusé monarque paraît humble avec le philosophe : mais la vérité, c'est qu'il voudrait bien séduire un peu le chantre de Henri IV, et aussi ne pas trop s'exposer aux épigrammes du plus malin des hommes. Il tremble que son germanisme, que le peu d'importance qu'avait alors la Prusse ne soient pour l'auteur de *Zaïre* des objets de risée. On voit dans sa lettre que son nom même de *Frédéric* l'effraye. Un tel nom en France ne paraîtra-t-il pas bien barbare? Il l'adoucit autant qu'il peut et signe *Fédéric* ; mais il reste toujours à ce nom sa terminaison fâcheuse. Hélas! s'il accomplit de grandes actions, s'il devient, comme il l'espère, un héros, ce vilain nom ne nuira-t-il pas à sa gloire? Pourra-t-on noblement rimer en *ic*? La vanité du roi philosophe et poëte apparaissait là tout entière ; Voltaire en sourit, prit la plume et répondit en vers : son épître se terminait, pour rassurer le futur héros, par une prosopopée à la fois plaisante et solennelle, où il se fait un jeu de la rime tant redoutée :

Conservez, ô mes dieux! l'aimable Frédéric,
Pour son bonheur, pour moi, pour le bien du public :
Vivez, prince, et passez dans la paix, dans la guerre,
Surtout dans les plaisirs, tous les *ics* de la terre,
Théodoric, *Ulric*, *Genséric*, *Alaric*,
Dont aucun ne vous vaut, selon mon pronostic.

Avec autant de bonhomie que d'habileté de langage, c'était, sans le blesser, faire entendre au monarque que l'on avait découvert son côté faible, et très adroitement l'avertir que son nom en *ic* pouvait devenir, selon l'événement, ridicule ou glorieux.

Frédéric, plus tard, lors de sa brouille avec Voltaire, voulant s'assurer l'amitié de Jean-Jacques, lui écrivit, comme il avait fait au premier, lui offrant un asile dans ses Etats. Rousseau répondit :

« Vous voulez me donner du pain : n'y a-t-il aucun de vos sujets qui en manque ? Otez de devant mes yeux cette épée qui m'éblouit et me blesse ; elle n'a que trop fait son devoir, et le sceptre est abandonné. La carrière est grande pour les rois de votre étoffe, et vous êtes encore loin du terme ; cependant le temps presse et il ne vous reste pas un moment à perdre pour aller au but. — Puissé-je voir Frédéric, le juste et le redouté, couvrir ses Etats d'un peuple nombreux, dont il soit le père ! et Jean-Jacques Rousseau, l'ennemi des rois, ira mourir au pied de son trône. »

Ce qui apparaît clairement dans cette réponse du philosophe au monarque, c'est le désir chez son auteur de se montrer un grand homme. Rousseau se pose en héros de Plutarque, prend les attitudes de la statuaire antique, étudie et joue comme sur un théâtre. Il affaiblit ainsi lui-même la sincérité de son rôle. Voltaire, quoique infiniment rusé, est plus simple, parce qu'en toute chose il s'oublie lui-même, ne pensant qu'à la cause pour laquelle il est toute sa vie en vedette.

Mais ce qui nous met à même de les apprécier mieux l'un et l'autre, c'est, après l'examen de leurs œuvres, le récit de quelques épisodes de leur vie. Nous prendrons de Voltaire le moment sacré, le moment des procès Calas et Sirven.

Etabli royalement dans son admirable domaine de Ferney, croit-on qu'il ne va plus songer qu'à ses propres plaisirs et ne reprendre la plume que pour les amusements et pour la gloire littéraires? Nullement, car il y a des malheureux, et il faut que sa voix se fasse entendre pour eux. Il y a des bourreaux, il faut qu'il les flétrisse; il y a des jugements iniques, il faut qu'il les fasse casser; il y a des victimes, il faut qu'on les réhabilite. A peine est-il installé à Ferney, qu'il publie une *Requête à tous les magistrats du royaume*: ce n'est plus en son nom, ce n'est plus au nom de la philosophie qu'il parle, mais au nom de paysans opprimés :

» La portion la plus utile du genre humain, celle qui vous nourrit, crie du sein de la misère à ses protecteurs :

» Vous connaissez les vexations qui nous arrachent si souvent le pain que nous préparons pour nos oppresseurs mêmes. La rapacité des préposés à nos malheurs n'est pas ignorée de vous. Vous avez tenté plus d'une fois de soulager le poids qui nous accable, et vous n'entendez de nous que des bénédictions, quoique étouffées par nos sanglots et par nos larmes.

» Nous payons les impôts sans murmure, taille, taillon, capitations, double vingtième, ustensiles, droits de toute espèce, impôts sur tout ce qui sert à nos chétifs habillements, et enfin la dixme à nos curés de tout ce que la terre accorde à nos travaux, sans qu'ils entrent en rien dans nos frais. Ainsi au bout de l'année tout le fruit de nos peines est anéanti pour nous. Si nous avons un moment de relâche, on nous traîne aux corvées à deux ou trois lieues de nos habitations, nous, nos femmes, nos enfants, nos bêtes de labourage également épuisées, et quelquefois mourant pêle-mêle de lassitude sur la route.......

» Tous ces détails de calamités accumulées sur nous ne sont pas aujourd'hui l'objet de nos plaintes. Tant qu'il nous restera des forces nous travaillerons; il faut ou mourir, ou prendre ce parti.

» C'est aujourd'hui la permission de travailler pour vivre, et pour nous faire vivre que nous vous demandons. Il s'agit de la quadragésime et des fêtes. »

Au XVIIe siècle, cette loi du chômage était respectée du peuple et assez généralement suivie. Mais au XVIIIe, il y eut quelques résistances çà et là, ou tout au moins quelques hésitations. Les curés se récrièrent contre les progrès de l'irréligion. De pauvres gens furent traînés en prison, enlevés à leurs familles et ruinés à jamais, pour avoir donné quelques soins à leurs maigres récoltes aux jours de la Purification, de la Visitation, ou de saint Mathias et de saint Barnabé.

Il s'agissait aussi du carême dans la *Requête à tous les magistrats*. Il n'y avait pas encore bien des années que des malheureux avaient été condamnés *à mort*, pour avoir mangé un morceau de vieux lard, plutôt que de se laisser mourir de faim. Mais laissons la parole à celui qui prit la noble tâche de parler au nom de tant d'infortunés :

« Tous nos jours sont des jours de peine. L'agriculture demande nos sueurs pendant la quadragésime comme dans les autres saisons. Notre carême est de toute l'année. Est-il quelqu'un qui ignore que nous ne mangeons presque jamais de viande? Hélas! il est prouvé que si chaque personne en mangeait, il n'y en aurait pas quatre livres par mois pour chacune. Peu d'entre nous ont la consolation d'un bouillon gras dans leurs maladies. On nous déclare que pendant le carême ce serait un grand crime de manger un morceau de lard rance avec notre pain bis. Nous savons même qu'autrefois, dans quelques provinces, les juges condamnaient au dernier supplice ceux qui, pressés d'une faim dévorante, auraient mangé en carême un morceau de cheval ou d'autre animal jeté à la voirie... »

Puis il ajoute en note :

« Copie de l'arrêt sans appel, prononcé par le grand-juge des moines de Saint-Claude, le 28 juillet 1629 :

« *Nous, après avoir vu toutes les pièces du procès, et de l'avis des docteurs en droit, déclarons ledit Guillou, écuyer, duement atteint et convaincu d'avoir, le* 31 *du mois de mars passé, jour de samedi, en carême, emporté des morceaux d'un cheval jeté à la voirie, dans le pré de cette ville, et d'en avoir mangé le* 1er *d'avril. Pour réparation de quoi, nous le condamnons à être conduit sur un échafaud, qui sera dressé sur la place du marché, pour y avoir la tête tranchée*, etc.

» Suit le procès-verbal de l'exécution. »

Voltaire a dit lui-même : « Après avoir vécu chez des rois (allusion à son séjour en Prusse), je me suis fait roi chez moi ; je jouis... »

Mais *jouir*, pour lui, c'était faire du bien aux hommes, c'était agir ; aussi, son activité s'était-elle augmentée avec le temps : chaque année semblait lui apporter des facultés nouvelles.

« Il semblait, dit son secrétaire Wagnière, que le travail fût nécessaire à sa vie. La plupart du temps nous travaillions dix-huit à vingt heures par jour. Il dormait fort peu, et me faisait lever plusieurs fois la nuit. »

Pour commencer, nous le trouvons plaidant pour six pauvres gentilshommes, dépouillés de leur patrimoine, dans leur minorité, par les Pères de la compagnie de Jésus, dirigée alors par le père *Fesse*, qui la représenta en justice ; il fait rentrer dans leurs biens ces gentilshommes, et il écrit à Helvétius :

« Voilà une bonne victoire de philosophe. Je sais bien que frère Croust cabalera, que frère Berthier m'appellera athée ; mais je vous répète qu'il ne faut pas plus craindre ces renards que les loups de jansénistes, et qu'il faut hardiment chasser aux bêtes puantes. Ils ont beau hurler que nous ne sommes pas chrétiens, je leur prouverai bientôt que nous sommes meilleurs chrétiens qu'eux. *Je leur montrerai ma foi par mes œuvres, avant qu'il soit peu.* »

Ailleurs il dit : « Je deviens Minos dans ma vieillesse, je punis les méchants. »

Ce procès gagné, il plaide de nouveau contre un curé de son voisinage, qui avait, dans une affaire de femme, assassiné le fils d'un habitant de Ferney. Dans un mémoire adressé au lieutenant criminel du pays de Gex, au nom du père de la victime, il disait, après avoir rendu compte de l'assassinat : « Ce prêtre eut l'audace, le lendemain, de célébrer la messe et de tenir son Dieu entre ses mains meurtrières. » Mais ce qui l'indigne, c'est que les complices de l'assassin, payés par lui et aidés par lui dans leur coup de main nocturne, sont décrétés ; *et celui qui les a corrompus, qui les a armés, qui les a conduits, qui a frappé avec eux, n'est qu'ajourné, parce qu'il est prêtre et qu'il a des protecteurs...* Ce prêtre fut condamné aux galères.

Voltaire a encore un autre procès ; mais ce n'est plus lui qui attaque : il est accusé par son propre curé, à qui il bâtissait une église, d'avoir, pour la construction même de cette église, *usurpé* un pied et demi du cimetière, et d'avoir fait abattre un ancien calvaire en bois pour bâtir le portail. Ce qu'il y avait de plus grave, c'est qu'une couturière, amie du curé, témoignait avoir entendu M. de Voltaire donner l'ordre aux ouvriers d'abattre le calvaire, en leur disant : *Otez-moi cette potence*,

Voltaire, sur ce grief, écrit à son avocat, à Dijon : « Je suis bien aise de vous dire que cette croix de bois, qui sert de prétexte aux petits tyrans noirs de ce petit pays de Gex, se trouvait placée tout juste vis-à-vis le portail de l'église que je fais bâtir ; de façon que la tige et les deux bras l'offusquaient entièrement, et qu'un de ces bras, étendu juste vis-à-vis le frontispice de mon château, figurait réellement une potence, comme le disaient les charpentiers. On appelle *potence*, en terme de l'art, tout ce qui soutient des chevrons saillants; les chevrons qui soutiennent un toit avancé s'appellent *potences*; et quand j'aurais appelé cette figure *potence*, je n'aurais parlé qu'en bon architecte. »

Il gagna son procès, rit beaucoup et fit si bien que le curé de Ferney devint son ami et lui servit de piqueur dans sa *chasse aux bêtes puantes.*

D'Argental, à quelques jours de là, félicite Voltaire de ce que ses procès sont enfin terminés : — « Comment, mes procès terminés! répond-il, Dieu m'en préserve! »

Mais nous arrivons à 1762, Voltaire a soixante-huit ans; ce qui le préoccupe en ce moment, c'est une horrible procession de pénitents qui a lieu tous les ans à Toulouse, en mémoire d'un massacre de quatre mille huguenots exécutés dans cette ville dix ans avant la saint Barthélemy, en 1562; l'année 1762 se trouvait être l'année séculaire, et l'on parlait de la célébrer par des fêtes solennelles, que nous avons vu se renouveler cette année même (1862). Voltaire en frémissait d'avance et s'apprêtait à flétrir cette ville. Pour préparer plus dignement cette fête, le Parlement de Toulouse commença par condamner à la corde un ministre protestant, dont tout le crime était d'avoir fait au désert quelques baptêmes et quelques mariages. Mais cet acte barbare n'était qu'un prélude : le 9 mars, le même Parlement fait expirer sur la roue un protestant nommé Jean Calas, négociant honorable accusé par les pénitents blancs d'avoir, dans sa soixante-neuvième année, étranglé un fils de vingt-huit ans, parce que ce fils, disaitou, était à la veille de se convertir à la religion catholique.

Un tel crime était-il possible? On ne connaissait que deux exemples dans l'histoire de pères accusés d'avoir tué leurs fils pour la religion, et encore ces deux exemples étaient-ils tirés de la vie des saints. Voltaire dresse une enquête, écrit à Toulouse, prend connaissance des pièces, réinterroge les témoins, confronte les rapports, et réussit à constater ce qui suit aux yeux de l'Europe attentive :

Jean Calas, âgé de soixante-huit ans *, exerçait la profession de négociant à Toulouse depuis plus de quarante années, et était reconnu de tous ceux qui ont vécu avec lui pour un bon père. Il était protestant, ainsi que sa femme et tous ses enfants, excepté un, qui avait abjuré l'hérésie et à qui le père faisait une petite pension. Il paraissait si éloigné de cet absurde fanatisme qui rompt tous les liens de la société, qu'il approuva la conversion de son fils Louis Calas, et qu'il avait depuis trente ans chez lui une servante zélée catholique, laquelle avait élevé tous ses enfants.

Un des fils de Jean Calas, nommé Marc-Antoine, était un homme de lettres : il passait pour un esprit inquiet, sombre et violent. Ce jeune homme ne pouvant réussir ni à entrer dans le négoce auquel il n'était pas propre, ni à être

* Ces détails, sauf un très petit nombre de suppressions, aujourd'hui sans importance, sont empruntés à Voltaire lui-même.

reçu avocat, parce qu'il fallait des certificats de catholicité qu'il ne put obtenir, résolut de finir sa vie, et fit pressentir ce dessein à un de ses amis ; il se confirma dans sa résolution par la lecture de tout ce qu'on a jamais écrit sur le suicide.

Enfin, un jour, ayant perdu son argent au jeu, il choisit ce jour-là même pour exécuter son dessein. Un ami de sa famille et le sien, nommé Lavaisse, jeune homme de dix-neuf ans, connu par la candeur et la douceur de ses mœurs, fils d'un avocat célèbre de Toulouse, était arrivé de Bordeaux la veille (12 octobre 1761) ; il soupa par hasard chez les Calas. Le père, la mère, Marc-Antoine, leur fils aîné, Pierre, leur second fils, mangèrent ensemble. Après le souper on se retira dans un petit salon ; Marc-Antoine disparut : enfin, lorsque le jeune Lavaisse voulut partir, Pierre Calas et lui étant descendus, trouvèrent en bas, auprès du magasin, Marc-Antoine en chemise, pendu à une porte, et son habit plié sur le comptoir ; sa chemise n'était pas seulement dérangée ; ses cheveux étaient bien peignés : il n'avait sur son corps aucune plaie, aucune meurtrissure.

Les cris de douleur et de désespoir du père et de la mère furent entendus des voisins. Lavaisse et Pierre Calas, hors d'eux-mêmes, coururent chercher des chirurgiens et la justice.

Pendant qu'ils s'acquittaient de ce devoir, pendant que le père et la mère étaient dans les sanglots et dans les larmes, le peuple de Toulouse s'attroupe autour de la maison. Ce peuple est superstitieux et emporté; il regarde comme des monstres ses frères qui ne sont pas de la même religion que lui. C'est à Toulouse qu'on solennise encore tous les ans, par une procession et des feux de joie, le jour où l'on y massacra quatre mille citoyens hérétiques, il y a deux siècles.

Quelque fanatique de la populace s'écria que Jean Calas avait pendu son propre fils Marc-Antoine. Ce cri répété fut unanime en un moment; d'autres ajoutèrent que le mort devait le lendemain faire abjuration, que sa famille et le jeune Lavaisse l'avaient étranglé par haine contre la religion catholique: le moment d'après on n'en douta plus. Toute la ville fut persuadée que c'est un point de religion chez les protestants qu'un père et une mère doivent assassiner leur fils dès qu'il veut se convertir. Les esprits une fois émus ne s'arrêtent point. On imagina que les protestants du Languedoc s'étaient assemblés la veille; qu'ils avaient choisi, à la pluralité des voix, un bourreau de la secte; que le choix était tombé sur le jeune Lavaisse; que ce jeune homme, en vingt-quatre heures, avait reçu la nouvelle de son élection, et était arrivé de Bordeaux pour aider Jean Calas, sa femme et leur fils Pierre, à étrangler un ami, un fils, un frère.

Le capitoul de Toulouse, excité par ces rumeurs, et voulant se faire valoir par une prompte exécution, fit une procédure contre les règles et les ordonnances. La famille Calas, la servante catholique, Lavaisse, furent mis aux fers.

On publia un monitoire non moins vicieux que

la procédure. On alla plus loin : Marc-Antoine Calas était mort calviniste, et s'il avait attenté sur lui-même, il devait être traîné sur la claie (d'après les lois d'alors sur la mort volontaire) ; on l'inhuma avec la plus grande pompe dans l'église de Saint-Etienne, malgré le curé qui protestait contre cette profanation.

Il y a dans le Languedoc quatre confréries de pénitents : la blanche, la bleue, la grise et la noire. Les confrères portent un long capuce avec un masque de drap percé de deux trous pour laisser la vue libre. Les confrères blancs firent à Marc-Antoine Calas un service solennel comme à un martyr. Jamais aucune église ne célébra la fête d'un martyr véritable avec plus de pompe, mais cette pompe fut terrible. On avait élevé au-dessus d'un magnifique catafalque un squelette qu'on faisait mouvoir et qui représentait Marc-Antoine Calas, tenant d'une main une palme et de l'autre la plume dont il devait signer l'abjuration de l'hérésie, et qui écrivait en effet l'arrêt de mort de son père.

Alors il ne manqua plus au malheureux qui avait attenté sur soi-même que la canonisation : tout le peuple le regardait comme un saint : quelques-uns l'invoquaient, d'autres allaient prier sur sa tombe, d'autres lui demandaient des miracles, d'autres contaient ceux qu'il avait faits.

Quelques magistrats étaient de la confrérie des pénitents blancs. Dès ce moment la mort de Jean Calas parut infaillible.

Ce qui surtout prépara son supplice, ce fut

l'approche de cette fête singulière, que les Toulousains célèbrent tous les ans en mémoire d'un massacre de quatre mille huguenots..... On dressait dans la ville l'appareil de cette solennité : cela même allumait encore l'imagination échauffée du peuple. On disait publiquement que l'échafaud sur lequel on rouerait les Calas serait le plus grand ornement de la fête. On disait que la Providence amenait elle-même ces victimes pour être sacrifiées à notre sainte religion. Vingt personnes ont entendu ces discours, et de plus violents encore.

Treize juges s'assemblèrent tous les jours pour terminer le procès. On n'avait, on ne pouvait avoir aucune preuve contre la famille, mais la religion trompée tenait lieu de preuve. Six juges persistèrent longtemps à condamner Jean Calas, son fils et Lavaisse à la roue, et la femme de Jean Calas au bûcher. Sept autres, plus modérés, voulaient au moins qu'on examinât. Les débats furent réitérés et longs. Un des sept juges modérés (par un scrupule dont le motif l'honorait) crut devoir se récuser, et Jean Calas fut condamné à la majorité d'une seule voix.

Il paraissait impossible que Jean Calas, vieillard de soixante-huit ans, qui avait depuis longtemps les jambes enflées et faibles, eût seul étranglé et pendu un fils âgé de vingt-huit ans, qui était d'une force au-dessus de l'ordinaire; il fallait absolument qu'il eût été assisté dans cette exécution par sa femme, par son fils Pierre Calas, par Lavaisse et par la servante. Ils ne s'étaient pas quittés un seul moment le soir de cette fatale aventure ; mais cette supposition était encore aussi absurde que l'autre, car comment une servante zélée catholique aurait-elle pu souffrir que des huguenots assassinassent un jeune homme élevé par elle pour le punir d'aimer la religion de cette servante ? Comment Lavaisse serait-il venu exprès de Bordeaux pour étrangler son ami, dont il ignorait la conversion prétendue ? Comment une mère tendre aurait-elle mis les mains sur son fils ? Comment tous ensemble auraient-ils pu étrangler un jeune homme aussi robuste qu'eux tous sans un combat long et violent, sans des cris affreux qui auraient appelé tout le voisinage, sans des coups réitérés, sans des meurtrissures, sans des habits déchirés ?

Il était évident que si l'infanticide avait pu être commis, tous les accusé étaient également coupables, parce qu'ils ne s'étaient pas quittés d'un moment ; il était évident que le père seul ne pouvait l'être, et cependant l'arrêt condamna ce père seul à expirer sur la roue.

Le motif de l'arrêt était aussi inconcevable que le reste. Les juges qui étaient décidés pour le supplice de Jean Calas persuadèrent aux autres que ce vieillard faible ne pourrait résister aux tourments, et qu'il avouerait, sous les coups des bourreaux, son crime et celui de ses complices. Ils furent confondus quand ce vieillard, en mourant sur la roue, prit Dieu à témoin de son innocence.

D'absurdités en absurdités, après le supplice du père, on condamna le fils, Pierre Calas, au bannissement. Mais on commença par le menacer dans son cachot de le traiter comme son père, s'il n'abjurait pas sa religion. C'est ce que ce jeune homme atteste par serment.

Pierre Calas, en sortant de la ville, rencontra un abbé convertisseur qui le fit rentrer dans Toulouse ; on l'enferma dans un couvent de dominicains, et là on le contraignit à remplir toutes les fonctions de la catholicité.

On enleva les filles à la mère ; elles furent enfermées dans un couvent. Cette femme, presque arrosée du sang de son mari, ayant tenu son fils aîné mort entre ses bras, voyant l'autre banni, privée de ses filles, dépouillée de tout son bien, était seule dans le monde, sans pain, sans espérance. . . . .
. . . .

L'innocence une fois constatée par les preuves les plus irréfragables, plus de repos pour Voltaire, plus de philosophie, plus de travaux littéraires : il faut qu'il réhabilite la mémoire du supplicié, qu'il casse ce jugement, qu'il rende l'honneur à sa veuve, à leurs autres fils, à ses filles, et qu'il les réintègre dans ses biens. N'est-ce pas assez, juste ciel ! d'avoir perdu leur père ? Les Calas sont sans asile, sans secours et sans pain, il les fait venir à Ferney. En leur nom et à ses frais, il en appelle au conseil d'Etat pour la révision du procès : il écrit et surtout fait agir pour eux auprès des ministres, auprès du roi, auprès de Mme de Pompadour. Il écrit en leur nom, se substitue d'âme, de cœur, d'activité à cette famille malheureuse ; il est à la fois comme la femme et les fils et les filles de Calas : mais il est surtout le vengeur de l'innocence. C'est dans ce sentiment qu'il puise sa force, son intrépidité. Pas d'autre occupation pendant trois ans que de sauver les Calas. Dans cet intervalle, il ne lui échappe pas un sourire qu'il ne se le reproche comme un crime. Du reste, pas de polémique, pas un mot dur, pas une raillerie contre les juges, pas même d'éloquence ; son style ne fut jamais si simple. Son cœur s'est brisé, les larmes ont coulé de ses yeux en écrivant telle page; ailleurs, peut-être, ses mains ont frémi de colère; mais il se contient, parle bas, cache son génie, craint d'offenser quelqu'un ; il ne veut que sauver cette famille éperdue. Avec la patience d'une mère qui défend ses enfants, il explique comment les huit juges qui ont voté la mort de Calas ont pu se tromper ; même dans sa correspondance avec ses amis, il ne les accuse pas ; il écrit à d'Argental, le 21 juin : « Je suis persuadé de plus en plus de l'innocence des Calas et de la cruelle bonne foi du Parlement de Toulouse, qui a rendu le jugement le plus inique sur les indices les plus trompeurs. » Il fait taire sa propre pensée ; il pourrait accabler le Parlement de Toulouse, il ne le fait pas ; ce n'est pas un succès d'éloquence qu'il lui faut, c'est la vie, c'est l'honneur des Calas.

La présence à Ferney de Mme Calas, *mourante de l'excès de son malheur*, ouvre le cœur de Voltaire au plus grand sentiment de pitié qui soit entré jamais dans un cœur d'homme ; elle lui fait commencer à soixante-huit ans une nouvelle vie, celle de la commisération active pour les malheureux et les opprimés.

Il ne cherche plus le sublime et le trouve presque à chaque mot qu'il prononce ou écrit. Qu'on lise sa correspondance à cette époque, si l'on veut avoir le spectacle d'un grand cœur défendant une cause sainte.

Il écrit, dès le 27 mars, à d'Argental : « Vous me demanderez peut-être pourquoi je m'intéresse si fort à ce Calas qu'on a roué : *c'est que je suis homme*, c'est que je vois tous les étrangers indignés, c'est que tous vos officiers suisses protestants disent qu'ils ne combattront pas de grand cœur pour une nation qui fait rouer leurs frères sans aucune preuve.

« Je me suis trompé sur le nombre des juges dans ma lettre à M. de la Marche. Ils étaient treize ; cinq ont constamment déclaré Calas innocent. S'il avait eu une voix de plus en sa faveur, il était absous. *A quoi tient donc la vie des hommes*? à quoi tiennent les plus horribles supplices ? Quoi ! parce qu'il ne s'est pas trouvé un sixième juge raisonnable, on aura fait rouer un père de famille ! on l'aura accusé d'avoir pendu son propre fils, tandis que ses quatre autres enfants crient qu'il était le meilleur des pères ! Le témoignage de la conscience de cet infortuné ne prévaut-il pas sur l'illusion de huit juges animés par une confrérie de pénitents blancs qui a soulevé les esprits de Toulouse contre un calviniste ? Ce pauvre homme criait sur la roue qu'il était innocent ; il pardonnait à ses juges, il pleurait son fils, auquel on prétendait qu'il avait donné la mort. Un dominicain qui l'assistait d'office sur l'échafaud dit qu'il voudrait mourir aussi saintement qu'il est mort. Il ne m'appartient pas de condamner le Parlement de Toulouse, mais enfin il n'y a eu aucun témoin oculaire ; le fanatisme du peuple a pu passer jusqu'à des juges prévenus. Plusieurs d'entre eux étaient pénitents blancs ; ils peuvent s'être trompés. N'est-il pas de la justice du roi et de sa prudence de se faire au moins représenter les motifs de l'arrêt ? Cette seule démarche consolerait tous les protestants de l'Europe et apaiserait leurs clameurs. Avons-nous besoin de nous rendre odieux ? Ne pourriez-vous pas engager M. le comte de Choiseul à s'informer de cette horrible aventure, qui déshonore la nature humaine ? soit que Calas soit coupable, soit qu'il soit innocent? Il y a certainement, d'un côté ou d'un autre, un fanatisme horrible, et il est utile d'approfondir la vérité. »

Le 4 avril il écrit à Damilaville : « Jamais, depuis le jour de la Saint-Barthélemy, rien n'a tant déshonoré la nature humaine. »

Le même jour, dans sa stupeur, il dit à d'Argental : « Rit-on encore à Paris ? »

Quelques jours plus tard il a la fièvre et reste au lit.

Mais le 11 juin il écrit de nouveau à d'Argental : « Je me jette réellement à vos pieds et à ceux de M. le comte de Choiseul. La veuve Calas est à Paris, dans le dessein de demander justice ; l'oserait-elle si son mari eût été coupable ? Elle est de l'ancienne maison de Montesquieu par sa mère (ces Montesquieu sont de Languedoc) ; elle a des sentiments dignes de sa naissance et au-dessus de son horrible malheur. Elle a vu son fils renoncer à la vie et se pendre de désespoir, son mari accusé d'avoir étranglé son fils, condamné à la roue et attestant Dieu de son innocence en expirant ; un second fils, accusé d'être complice d'un parricide, banni, conduit à une porte de la ville et reconduit par une autre porte dans un couvent ; ses deux filles enlevées ; elle-même enfin interrogée sur la sellette, accusée d'avoir tué son fils, élargie, déclarée innocente, et cependant privée de sa dot. Les gens les plus instruits me jurent que la famille est aussi innocente qu'infortunée. Enfin, si, malgré toutes les preuves que j'ai, malgré les serments qu'on m'a faits cette femme avait quelque chose à se reprocher, qu'on la punisse ; mais si c'est, comme je le crois, la plus vertueuse et la plus malheureuse femme du monde, au nom du genre humain, protégez là ; que M. le comte de Choiseul daigne l'écouter ! Je lui fais tenir un petit papier qui sera son passeport pour être admise chez vous. »

Le 9 juillet, il écrit à un négociant de Marseille : « Mandez-moi, Monsieur, je vous en conjure, si la veuve Calas est dans le besoin.... »

Et il ajoute : « C'est renoncer à l'humanité que de traiter une telle aventure avec indifférence. »

26 juillet, à Damilaville ;

« ..... L'horreur de Toulouse m'occupe plus que l'impertinence sulpicienne. Je vous demande en grâce de faire imprimer les pièces originales (du procès). M. Diderot peut aisément engager quelque libraire à faire cette bonne œuvre. Il nous paraît que ces pièces nous ont déjà attiré quelques partisans. Que votre bon cœur rende ce service à la famille la plus infortunée ! Voilà la véritable philosophie. »

Le 31 juillet, au même :

« Est-il possible qu'on n'imprime pas à Paris les mémoires des Calas ! Eh bien, en voilà d'autres : lisez et frémissez. »

Le 7 août, à d'Argental :

« .... Il faut que de bouche en bouche on fasse tinter les oreilles du chancelier ; qu'on ne lui donne ni repos, ni trêve ; qu'on lui crie toujours : *Calas ! Calas !* »

Le 21 septembre, au marquis de Chauvelin :

« Cette affaire devient importante ; elle intéresse les nations et les religions. Quelle satisfaction le Parlement de Toulouse pourra-t-il jamais faire à une veuve dont il a roué le mari et qu'il a réduite à la mendicité, avec deux filles et trois garçons, qui ne peuvent plus avoir d'état? »

Le 9 janvier 1763, à l'occasion de la nouvelle année, il trouve quelques moments pour écrire à son vieil ami Cideville : il lui parle aussi de l'affaire Calas et de l'appel en révision : « Je soupire, lui dit il, après le jugement, comme si j'étais parent du mort. »

Sa passion lui fait trouver le ton et les raisons qui conviennent pour émouvoir chacun. C'est ainsi qu'il fait dire au ministre Choiseul : « Voilà déjà sept familles (protestantes) qui sont sorties de France (effrayées par l'affaire Calas). Avons-nous donc trop de manufacturiers et de cultivateurs ? » Avec quel soin il encourage les avocats, juges, rapporteurs !

Il écrit à d'Argental, le 19 février : « On m'a

mandé que l'affaire des Calas avait été rapportée par M. de Crosne, et qu'il a très bien parlé. Je vous assure que l'Europe a les yeux sur cet événement. »

Mais les choses ne vont point assez vite au gré de son impatience : « Le sang me bout sur les Calas. Quand la révision sera-t-elle donc ordonnée ? » Et six jours seulement après cette lettre, il écrit encore : « Eh bien ! a-t-on enfin rapporté l'affaire des Calas ? »

Enfin, le 7 mars (notons la date : c'était l'avant-veille du jour anniversaire du supplice de Jean Calas), l'affaire est rapportée au conseil d'Etat par M. de Crosne, et l'on prononce la révision du jugement de Toulouse.

Il y a donc de la justice sur la terre; il y a donc de l'humanité ! s'écrie Voltaire. (Lettre à Damilaville, 15 mars).

A M. DE CROSNE : « Monsieur, vous vous êtes couvert de gloire... les philosophes doivent vous chérir, et les intolérants mêmes doivent vous estimer... »

Voici cette révision obtenue ! il s'agit maintenant de faire casser le jugement de Toulouse.

L'attention était plus que jamais fixée sur ce procès, lorsque parut un livre qui, en quelques jours, se trouva miraculeusement dans toutes les mains. C'était, au sujet des Calas, l'apparition de l'esprit nouveau des nations, mais esprit venu du fond de l'histoire. Pas une créature opprimée qui n'y fît entendre sa voix pour enseigner aux hommes la tolérance et la pitié. La puissance de ce livre venait de sa douceur. Toute plume tomba des mains, tout fit silence avec respect pour écouter cette voix nouvelle et sacrée. La religion allait donc revenir sur la terre, le commerce recommencer entre Dieu et les hommes! La bonne nouvelle circulait de bouche en bouche parmi les malheureux, surtout parmi les protestants, si persécutés alors. Tous lisaient avec respect le saint livre.

Le titre était très simple, il portait seulement : *Traité sur la tolérance;* l'auteur n'avait pas mis son nom, mais le nom de Voltaire retentissait aux quatre vents de la terre : princes, monarques, peuples le lisaient au milieu d'une acclamation immense.

Et ce livre, ce long cri du cœur, cette voix de la conscience éclatait pour sauver les Calas! pour sauver non-seulement les Calas, mais pour arracher tous les innocents à venir aux barbaries de la superstition et de l'ignorance. On crut entendre la mère de tous les opprimés parlant en leur nom à la famille humaine, et implorant pour eux justice et pitié.

Voltaire apparut là ce qu'il était véritablement : le souverain pontife de la raison et de la justice. Aussi, à ce moment le respect est immense pour sa personne et son nom. Plus d'ennemis! Toute gloire s'incline devant cette gloire. Rousseau offre de se réconcilier avec lui.

Les moins dignes des hommes en sont pour quelques instants renouvelés de cœur. Palissot, dans ce miracle, en vient à respecter les philosophes. Fréron lui-même, rougissant de son rôle, fait proposer au défenseur des Calas (par l'intermédiaire du libraire Panckoucke) une trêve de quelques mois. Quelle vengeance pour Voltaire ! Emporter ses ennemis dans le tourbillon de son bon cœur, et leur donner, par cette contagion de magnanimité, le meilleur moment de leur vie ! Amis, ennemis, tout était heureux de son propre bonheur ; et l'humanité tout entière se sentit, grâce à lui, bénie. Diderot, qui s'était fait par fanfaronnade le héros de l'incrédulité, redevient naïf et enfant devant un tel spectacle : *Quand il y aurait un Christ*, disait-il, *je vous assure que Voltaire serait sauvé.*

Par ces paroles, sans y songer, Diderot replaçait le défenseur des Calas dans la vraie tradition chrétienne. Le dévouement du *patriarche* pour cette malheureuse famille rendait plus vraisemblable à ses yeux la légende de l'Homme-Dieu.

Il faut ajouter que Voltaire lui-même se servait de l'autorité du Christ contre les hypocrites et les persécuteurs ; que, par une interprétation nouvelle de la légende évangélique, il préparait peut-être dans les religions chrétiennes une réforme que d'autres temps devaient voir s'accomplir. Il s'écrie tout à coup, dans un moment pathétique : *Si vous voulez ressembler à Jésus-Christ, soyez martyrs et non pas bourreaux.*

Quelle révolution dans ces paroles ! et que nous voilà loin du Christ tyrannique du moyen âge !...

Le livre de Voltaire fit le tour du monde ; Franklin, quelques années plus tard, écrit d'Amérique : « Le *Traité de Voltaire sur la tolérance* a produit sur le bigotisme un effet si subit et si grand qu'il l'a presque détruit. »

L'histoire des Calas est exposée tout entière dans ce livre ; ils devenaient ainsi sacrés. Conserver un seul doute sur leur innocence, c'eût été se mettre en dehors de toutes les lois divines et humaines. L'issue du jugement devenait donc certaine. La conscience, grâce à Voltaire, avait triomphé chez tous. Son âme, pleine du feu sacré, eut quelques jours cette joie suprême de ne sentir aucune résistance. Il goûta ce bonheur, que lui seul a connu, d'avoir mis un instant l'unanimité sur la terre : l'unanimité de la raison et de la justice !

« Le jour arriva, dit-il lui-même, où l'innocence triompha pleinement... Tous les juges, d'une voix unanime, déclarèrent la famille innocente, tortionnairement et abusivement jugée par le parlement de Toulouse. Ils réhabilitèrent la mémoire du père. Ils permirent à la famille de se pourvoir devant qui il appartiendrait pour prendre ses juges à partie, et pour obtenir les dépens, dommages et intérêts que les magistrats toulousains auraient dû offrir d'eux-mêmes.

» Ce fut dans Paris une joie universelle : on s'attroupait dans les places publiques, dans les promenades : on accourait pour voir cette famille si malheureuse et si bien justifiée ; on battait des mains en voyant passer les juges, on les comblait de bénédictions. Ce qui rendait encore ce spectacle plus touchant, c'est que ce jour,

9 mars, était le jour même où Calas avait péri par le plus cruel supplice. »

Malheureusement, ces moments durent peu ; le fanatisme ne tarde pas à relever la tête, et l'affaire Calas n'était pas encore terminée, lorsque éclata (toujours dans le Languedoc) un nouveau procès criminel contre un protestant de Castres, accusé d'avoir noyé sa fille, que des religieuses, disait-on, avaient convertie.

Voici les détails :

« Un feudiste de Castres, nommé Sirven, avait trois filles. Comme la religion de cette famille était la prétendue réformée, on enlève entre les bras de sa femme la plus jeune de leurs filles. On la met dans un couvent, on la fouette pour lui mieux apprendre son catéchisme ; elle devient folle, elle va se jeter dans un puits, à une lieue de la maison de son père. Aussitôt les zélés ne doutent pas que le père, la mère et les sœurs n'aient noyé cette enfant. Il passait pour constant, chez les catholiques de la province, qu'un des points capitaux de la religion protestante est que les pères et mères sont tenus de pendre, d'égorger ou de noyer tous leurs enfants qu'ils soupçonneront d'avoir quelque penchant pour la religion romaine.

« L'aventure de la fille noyée parvient à Toulouse... On décrète Sirven, sa femme et ses filles. Sirven, épouvanté, n'a que le temps de fuir avec toute sa famille malade. Ils marchent à pied, dénués de tout secours, à travers des montagnes escarpées, alors couvertes de neige. Une de ses filles accouche parmi les glaçons ; et, mourante, elle emporte son enfant mourant dans ses bras; ils prennent enfin leur chemin vers la Suisse. »

(Voltaire, *Lettre à Damilaville.*)

Où vont-ils? sinon vers le lieu sacré devenu l'asile de tous les malheureux (comme autrefois l'Eglise)? Ils vont à Ferney.

« Le même hasard qui m'amena les enfants de Calas veut encore que les Sirven s'adressent à moi. Figurez-vous, mon ami, quatre moutons que des bouchers accusent d'avoir mangé un agneau; voilà ce que je vis. Il m'est impossible de vous peindre tant d'innocence et tant de malheurs... »

Arrivés à Ferney, la première nouvelle qu'ils apprirent, c'est que le père et la mère sont condamnés au dernier supplice, et que les deux sœurs, déclarées également coupables, sont bannies à perpétuité; que leur bien est confisqué, et qu'il ne leur reste plus rien au monde que l'opprobre et la misère.

Pour les sauver, il n'y avait qu'un moyen, c'était qu'ils retournassent au milieu même des juges de Toulouse purger leur contumace et se présenter, afin d'être jugés en personne; mais, qui assurait que la mort ne serait pas de nouveau prononcée! Pouvait-on espérer que les parlements céderaient toujours à la voix de Voltaire? Déjà ils parlaient de l'atteinte portée à leurs prérogatives par ces appels à l'opinion publique et à l'autorité royale; Voltaire craignait, de son côté, que l'attention publique ne refusât de le suivre deux fois de suite sur un même terrain.

Il y avait d'ailleurs un autre écueil, très grave en ce siècle : Sirven avait peu d'esprit ; il était si faible de tête, si abattu par son malheur, qu'il ne faisait plus que pleurer ; à peine en pouvait-on tirer les éclaircissements nécessaires à sa propre défense. Il était donc à craindre que l'on s'intéressât peu à un homme qui savait si mal se recommander de sa propre personne. On sent l'inquiétude de Voltaire de ce côté : il écrit à son avocat, M. Elie de Beaumont, qui avait plaidé pour les Calas et qui devait défendre aussi la cause de Sirven : « Vous ne trouverez peut-être pas dans ce malheureux père de famille la même présence d'esprit, la même force, les mêmes ressources qu'on admirait dans Mme Calas. » Puis, avec un sentiment de pitié sublime, il continue : « J'ai eu beaucoup de peine à calmer son désespoir dans les longueurs et dans les difficultés que nous avons essuyées pour faire venir du Languedoc le peu de pièces que je vous ai envoyées, lesquelles mettent dans un si grand jour la démence et l'iniquité du juge subalterne qui l'a condamné à la mort, et qui lui a ravi toute sa fortune. Aucun de ses parents, encore moins ceux qu'on appelle *amis*, n'osait lui écrire, tant le fanatisme et l'effroi s'étaient emparés de tous les esprits.

« Sa femme, condamnée avec lui, femme respectable, qui est morte de douleur en venant chez moi ; l'une de ses filles, prête de succomber au désespoir ; un petit-fils, né au milieu des glaces et infirme depuis sa malheureuse naissance : tout cela déchire encore le cœur du père, et affaiblit un peu sa tête. Il ne fait que pleurer.... »

Mais aucun de ces obstacles ne l'arrête, il faut qu'il sauve les Sirven, comme il a sauvé les Calas. Le voilà donc à soixante et onze ans qui recommence pour ces nouvelles victimes du fanatisme ce qu'il a fait pour les premières. S'il n'agit plus par le soulèvement de la conscience publique, il agira en intéressant à cette cause les princes, les rois, les gouvernements, qui tous d'ailleurs sont jaloux de s'illustrer avec lui et de se préparer une part dans les applaudissements qu'il va de nouveau soulever. L'impératrice de Russie, le roi de Pologne, le roi de Prusse, le roi de Danemarck, le gouvernement de Berne, le landgrave de Hesse, la duchesse de Saxe-Gotha, la princesse de Nassau-Saarbruck, le margrave de Baden, la princesse de Darmstadt, etc., envoient publiquement leurs offrandes à cette famille et prennent parti pour elle ; Voltaire ne manque pas, par la bouche éloquente de M. de Beaumont, de faire résonner ces noms augustes aux oreilles des juges. Le roi de France ne peut se prononcer avant que son Parlement n'ait rendu un arrêt définitif. Mais dans cet élan généreux des têtes couronnées, il ne peut rester en arrière, et accorde solennellement aux Calas réhabilités une gratification de trente-six mille livres.

Quant à Voltaire, grâce à sa charité ingénieuse, il sait persuader au parlement de Toulouse lui-même, qu'il mettra toute son attention à éviter l'éclat dans cette nouvelle affaire, qu'il ne fera pas appel à l'opinion publique, qu'il laissera à la conscience des juges de proclamer les premiers l'innocence de cette famille malheureuse, et il leur laisse entrevoir admirablement que ceci est un moyen, pour eux, de se réhabiliter eux-mêmes aux yeux du public et de reconquérir leur autorité compromise. Le conseil royal s'est couvert de gloire en cassant le jugement des Calas; ils peuvent acquérir la même gloire à leur tour, en jugeant équitablement les Sirven.

Qu'on me permette de citer la lettre qu'il adresse à l'un des juges mêmes qui avaient condamné la famille Sirven par contumace, et devant qui elle devait reparaître.

« Ferney, 19 avril 1765.

» Monsieur,

» Je ne vous fais point d'excuse de prendre la liberté de vous écrire sans avoir l'honneur d'être connu de vous. Un hasard singulier avait conduit dans mes retraites, sur les frontières de la Suisse, les enfants du malheureux Calas; un autre hasard y amène la famille Sirven, condamnée à Castres, sur l'accusation ou plutôt sur le soupçon du même crime qu'on imputait aux Calas.

» Le père et la mère sont accusés d'avoir noyé leur fille dans un puits, par principe de religion. Tant de parricides ne sont pas heureusement dans la nature humaine; il peut y avoir eu des dépositions formelles contre les Calas, il n'y en a aucune contre les Sirven. J'ai vu le procès-verbal, j'ai longtemps interrogé cette famille déplorable ; je peux vous assurer, Monsieur, que je n'ai jamais vu tant d'innocence accompagnée de tant de malheurs : c'est l'emportement du peuple du Languedoc contre les Calas, qui détermina la famille Sirven à fuir dès qu'elle se vit décrétée. Elle est actuellement errante, sans pain, ne vivant que de la compassion des étrangers. Je ne suis pas étonné qu'elle ait pris le parti de se soustraire à la fureur du peuple, mais je crois qu'elle doit avoir confiance dans l'équité de votre Parlement.

» Si le cri public, le nombre des témoins abusés par le fanatisme, la terreur et le renversement d'esprit qui put empêcher les Calas de se défendre, firent succomber Calas le père, il n'en sera pas de même des Sirven ; la raison de leur condamnation est dans leur fuite. Ils sont jugés par contumace, et c'est à votre rapport, monsieur, que la sentence a été confirmée par le Parlement.

» Je ne vous célerai point que l'exemple de Calas effraie les Sirven et les empêche de se représenter. Il faut pourtant qu'ils perdent leur bien pour jamais, ou qu'ils purgent leur contumace, ou qu'ils se pourvoient au conseil du roi.

» Vous sentez mieux que moi combien il serait désagréable que deux procès d'une telle nature fussent portés dans une année devant Sa Majesté, et je sens comme vous qu'il est bien plus convenable et bien plus digne de votre auguste corps que les Sirven implorent votre justice. Le public verra que, si un amas de circonstances fatales a pu arracher des juges l'arrêt qui fit périr Calas, leur équité éclairée, n'étant pas entourée des mêmes pièges, n'en sera que plus déterminée à secourir l'innocence des Sirven.

» Vous avez sous vos yeux toutes les pièces du procès ; oserais-je vous supplier, Monsieur, de le revoir ? Je suis persuadé que vous ne trouverez pas la plus légère preuve contre le père et la mère ; en ce cas, Monsieur, j'ose vous conjurer d'être leur protecteur.

» Me serait-il permis de vous demander encore une autre grâce ? C'est de faire lire ces mêmes pièces à quelques-uns des magistrats, vos confrères. Si je pouvais être sûr que ni vous ni eux n'avez trouvé d'autre motif de la condamnation des Sirven que leur fuite, si je pouvais dissiper leurs craintes, uniquement fondées sur le préjugé du peuple, j'enverrais à vos pieds cette famille infortunée, digne de toute votre compassion ; car, Monsieur, si la populace des catholiques superstitieux croit les protestants capables d'être parricides par piété, les protestants croient qu'on veut les rouer tous par dévotion, et je ne pourrai ramener les Sirven que par la certitude entière que leurs juges connaissent leur procès et leur innocence. *J'aurais le bonheur de prévenir l'éclat d'un nouveau procès au Conseil du Roi*, et de vous donner en même temps une preuve de ma confiance en vos lumières et en vos bontés. Pardonnez cette démarche que ma compassion pour les malheureux, ma vénération pour le Parlement et pour votre personne me font faire du fond de mes déserts.

» J'ai l'honneur d'être avec respect, etc. »

Les choses ainsi disposées par lui avec une habileté infinie pour le salut des Sirven, ceux-ci d'ailleurs tirés de la misère, grâce à ses protections princières, et vivant en lieu de sûreté, un nouveau procès éclate, celui du général Lally, accusé d'avoir laissé prendre Pondichéry aux Anglais, par trahison ; on le condamne à mort ; on le traîne au supplice, un baillon dans la bouche... Voltaire avait connu Lally autrefois ; il avait été témoin de sa haine contre les Anglais, et il ne pouvait croire qu'il leur eût, à prix d'or, livré Pondichéry. Lally était un homme violent, insociable, mais loyal et incapable de trahison. Voltaire entreprend donc de réhabiliter sa mémoire ; d'ailleurs, Lally avait un fils ; il voulut enlever à ce fils cette tache d'être le fils d'un traitre. Il mêle à tous ses autres travaux déjà si nombreux celui d'étudier dans ses moindres détails l'administration du général pendant tout le temps qu'il fut gouverneur de Pondichéry, et durant la malheureuse guerre qu'il eut à soutenir contre les Anglais ; il examine toutes les pièces du procès et reconnaît bientôt que Lally, comme Calas, est innocent. Le voici donc à l'œuvre pour la réhabilitation du général, et il en sera occupé jusqu'au dernier moment de sa vie. Il n'apprendra cette réhabilitation que la veille de sa mort, au milieu même de l'agonie dont il sera réveillé par cette nouvelle qui lui fit prononcer sa dernière parole : « Je meurs content ! »

Dans le temps même où le bourreau venait de trancher la tête à l'ancien gouverneur de Pondichéry, voici ce que l'on apprenait, d'abord à

Ferney (centre d'observation) et de là par toute l'Europe :

Cinq jeunes gens d'Abbeville, coupables d'avoir, par un temps de pluie, gardé le chapeau sur la tête à cinquante pas d'une procession de capucins qui traversait la campagne, coupables d'avoir chanté de mauvaises chansons et lu de mauvais livres, accusés de plus, mais faussement, d'avoir renversé un crucifix de bois sur le pont d'Abbeville, sont condamnés par un juge imbécile et barbare à la torture, au supplice de la langue arrachée et à être jetés dans les flammes. Le plus âgé d'entre eux, le chevalier de La Barre, avait dix-neuf ans ; le plus jeune, quatorze. Ils appartenaient aux premières familles du pays. La Barre était le fils d'un lieutenant-général des armées et allié à la famille d'Ormesson. Une basse jalousie d'amour et le fanatisme idiot d'un évêque d'Amiens, voilà ce qui avait causé leur perte. Deux d'entre eux seulement furent arrêtés le plus âgé et le plus jeune), les autres se sauvèrent et furent jugés par contumace. Le chevalier de La Barre, condamné au dernier supplice, se pourvut au Parlement de Paris contre la sentence de la sénéchaussée d'Abbeville, mais le Parlement de Paris, frappé de cet aveuglement cruel qui annonce la fin des institutions, confirma la sentence à la majorité de deux voix. C'était se précipiter volontairement dans la même infamie que le Parlement de Toulouse. Le roi, Louis *le Bien-aimé*, imploré à genoux par une femme, par une religieuse, abbesse respectée d'un couvent d'Abbeville et parente du jeune La Barre, resta impitoyable et se voua, comme son Parlement et tous les juges du royaume, à la malédiction universelle. Le vertige s'emparait des puissants ; éperdus de sentir toute autorité morale leur échapper, ils croyaient, en face de la philosophie reine, ressaisir le pouvoir par la terreur ; ils ne saisissaient que l'opprobre.

Les détails de cette procédure digne de cannibales, étudiés par Voltaire, le font tressaillir. Il est frappé d'une sorte de rage contre les juges, mais cette rage est tempérée par les larmes que lui fait répandre la mort de ce jeune homme. Tout ce qu'il y a de tendresse dans son cœur se soulève, et c'est une fois encore la voix d'un père qui se fait entendre, non plus à la vérité pour redemander son enfant, mais pour crier vengeance contre les bourreaux. Le monde entier, grâce à lui, assiste à cette tragédie sanglante. Les dernières paroles du jeune La Barre sont recueillies, répandues, redites par toutes les bouches.

On l'avait ramené de Paris à Abbeville pour le jour du supplice, dans une chaise de poste escortée de cavaliers de la maréchaussée, déguisés en courriers (car la justice, honteuse d'elle-même, se cachait). La voiture, pour détourner l'attention, entra dans la ville par la porte opposée à celle de la route de Paris. Le prisonnier n'en fut pas moins reconnu, il salua sans affectation ceux qu'il connaissait. La population d'Abbeville et des environs, assemblée en foule sur son passage, était consternée et tremblante. On respirait à peine. De moment en moment on croyait que sa grâce allait arriver. On interrogeait avec anxiété tous les courriers, espérant que chacun d'eux était le porteur de la bonne nouvelle. Le peuple croyait encore à la justice du roi, il fallut cela pour le détromper.

« Au milieu de la douleur générale, dit un contemporain, la jeune victime montrait le plus stoïque courage. Son confesseur, le père Bosquier, dominicain, versait des larmes. De La Barre le pressait de dîner avec lui : « Prenons un peu de nourriture, lui disait-il, vous avez besoin de forces autant que moi pour soutenir le spectacle que je vais donner. » Le triste repas achevé, le moment fatal approchait : « Maintenant prenons du café, lui dit-il gaîment, il ne m'empêchera pas de dormir. »

En allant au supplice, il disait encore au père Bosquier : « Ce qui me fait le plus de peine en ce jour, c'est d'apercevoir aux croisées des gens que je croyais mes amis. »

Parvenu au portail Saint-Vulfranc, où il devait faire amende honorable, il soutint avec fermeté qu'il n'avait pas offensé Dieu. Il refusa de réciter la formule qui lui fut présentée ; on la récita pour lui, et sur son refus de présenter sa langue, les bourreaux (en cela plus humains que les juges) ne firent que le simulacre de la brûler. En montant à l'échafaud, il laissa tomber une pantoufle sur l'escalier, il descendit pour la reprendre et remonta avec la même tranquillité.

Cinq bourreaux avaient été réunis pour cette exécution : « Tes armes sont-elles bonnes ? dit-il à celui de Paris ; est-ce toi qui as tranché la tête au comte de Lally? » — « Oui. » — « Tu l'as manqué! ne crains rien, je me tiendrai bien et ne ferai pas l'enfant. » Il se banda lui-même les yeux et reçut le coup fatal. Son corps fut précipité dans le bûcher... »

On affecta de jeter dans le feu qui consumait son cadavre plusieurs livres de philosophie, entre autres les neuf volumes du *Dictionnaire philosophique*. On crut inspirer la terreur aux philosophes, on espérait surtout, par cette menace ridicule, intimider le vieillard qui avait osé, disait-on, empiéter sur le droit des parlements.

Mais la voix de Voltaire n'éclata jamais avec tant de puissance; il renonce aux ménagements qu'il avait gardés jusque-là; il ne donne plus aux juges, même publiquement, d'autre nom que celui d'*assassins en robe*. Un long cri de vengeance retentit du milieu de ses rochers et va jusqu'en Amérique éveiller les cœurs. Il fait de nouveau appel à toutes les puissances de la philosophie et de l'opinion. D'Alembert alors, le plus influent et le plus respecté des philosophes, devient le confident de sa douleur; il lui écrit le 28 juillet 1766 :

« ...... Voici le temps de rompre ses liens et de porter ailleurs l'horreur dont on est pénétré. Je n'ai pu parvenir à recevoir la consultation des avocats; vous l'avez vue sans doute et vous avez frémi. Ce n'est plus le temps de plaisanter, les bons mots ne conviennent point aux massacres. Quoi! dans Abbeville, des Busiris en robe font périr dans les plus horribles supplices des enfants de seize ans! et leur sentence est confirmée malgré l'avis de dix juges intègres et humains ! Et la nation le souffre !

» ..... Ici Calas roué, là Sirven pendu, plus loin un baillon dans la bouche d'un lieutenant-général ; quinze jours après, cinq jeunes gens condamnés aux flammes pour des folies qui méritaient Saint-Lazare. » . . . .

. . . .

Deux jours plus tard (le 30) :

« ..... Il m'a tant passé d'horreurs par les mains depuis quelques jours, que je ne sais plus ce que je vous ai écrit. Vous ai-je mandé que j'avais obtenu de Frédéric une gratification pour les Sirven ? Cette goutte de baume sur tant de blessures faites à la raison et à l'innocence m'a un peu soulagé, mais ne m'a pas guéri. Je suis honteux d'être si sensible et si vif à mon âge... Pardonnez à ma tristesse. Je viens de voir, dans la *Gazette de France*, un article du tonnerre qui a pulvérisé une vieille femme, et le tonnerre n'est point tombé sur les juges d'Abbeville ! » Quelques jours plus tard (le 7 août), son cœur se brise : « *Un des plus grands malheurs des honnêtes gens, c'est qu'ils sont des lâches !* »

Cependant à quelques jours d'intervalle il reprend courage, il se remet à l'œuvre et s'écrie : « *Monstres persécuteurs ! qu'on me donne seulement sept ou huit personnes que je puisse conduire, et je vous exterminerai.* »

Nous l'avons vu prendre la défense des paysans de Saint-Claude, des serfs du Jura, de Calas, de Sirven, de Lally, des martyrs d'Abbeville ; dans le même temps et de la même manière, il défend Montbailli, il défend Martin, d'autres encore, il fait réhabiliter la mémoire d'un général anglais condamné à mort dans son pays, et qu'il eût sauvé s'il n'eût été prévenu trop tard de cette sentence cruelle; mais voici ce qui achève de nous peindre son amour de la justice.

Un gentilhomme de vie assez déréglée, il est vrai, mais incapable d'une action criminelle, se trouve accusé par une famille de petits bourgeois de les avoir frustrés d'une somme considérable. En un instant les cris s'élèvent de toutes parts contre ce gentilhomme, nommé le comte de Morangiés. Voltaire (car toute grande action produit vite ses sots imitateurs) avait mis à la mode les procès; on ne cherchait plus à s'illustrer qu'en défendant l'innocence opprimée. La défense du pauvre surtout contre la tyrannie et la cupidité des grands était devenue une sorte de mot d'ordre. L'esprit de parti s'en mêlant, on s'efforça de voir dans le procès du comte de Morangiés et de ses soi-disantes victimes une manifestation de la lutte de la noblesse contre le tiers état; et tous les gazetiers, à l'instant, de griffonner contre M. de Morangiés. Un brouhaha sans exemple étouffait ses paroles, tandis qu'au contraire chacun répétait, appuyait, exagérait les accusations portées contre lui par cette famille bourgeoise. Voltaire avait beau répéter: « Il ne s'agit pas de parti, Messieurs; il s'agit de justice; il n'est point question ici de la noblesse ni du tiers état, il n'est question que d'une affaire personnelle entre le comte de Morangiés, que personne n'écoute, et ces petits bourgeois, que chacun vante sans examiner s'ils ne sont pas les auteurs d'une grande friponnerie. » — Mais la voix de Voltaire, cette fois, n'était point écoutée. Les juges eux-mêmes étaient contents de pouvoir une fois s'affranchir de son influence. Cependant il ne s'était pas encore prononcé entre M. de Morangiés et ses accusateurs; mais voyant enfin celui-ci condamné et accablé, il se fait apporter toutes les pièces, découvre la fraude des accusateurs, l'innocence du comte, et fait casser encore cet arrêt au milieu d'un étonnement de la part du public, qui bientôt se change en applaudissements.

Le même zèle, la même habileté, il les emploie pour sauver les plus humbles. Il importe peu que l'Europe ait ou n'ait pas les yeux sur lui. En toute circonstance, éclatante ou secrète, il s'emploie tout entier. Voici un trait de sa vie qui n'a été relevé par personne.

Un pauvre domestique, appelé Pichon, qu'il ne connaissait pas, mais dont une parente était au service de Mme Denis, sa nièce, meurt à Paris, laissant plusieurs orphelins en bas âge. Voltaire écrit aussitôt qu'on lui envoie un de ces enfants, petit garçon de dix ans. Voilà le petit Pichon en route; Voltaire fait veiller sur lui dans le trajet comme s'il s'agissait d'un prince. Au moment où l'enfant doit arriver à Lyon, il écrit à un riche banquier de cette ville : « Ce pauvre petit arrive je ne sais comment; il est à la garde de Dieu. Je vous prie de le prendre sous la vôtre. » Songez que l'on était en plein été (au 29 juillet), et que les dangers du voyage n'étaient pas considérables, sauf la fatigue qui était extrême. Le petit voyageur arriva donc à bon port. Mais écoutez la suite : Au mois de novembre, l'enfant tombe malade à Ferney. Voltaire n'a pas de repos qu'il n'ait guéri le pauvre orphelin; il ne le perd pas de vue un instant, il note les moindres symptômes, et, jour par jour, il écrit au plus célèbre médecin de l'Europe, à Tronchin. Citons une de ses lettres :

« Mon cher Esculape, mon petit malade, après avoir pris sa seconde dose d'émétique avant-hier, fut encore bien purgé et rendit un paquet de vers, parmi lesquels il y en avait un de six pouces de long. Je lui donnai une décoction de rue, de petite centaurée, de menthe, de chicorée sauvage, et, pour adoucir la vivacité que cette tisane pourrait porter dans le sang irrité par la fièvre, je lui fis prendre de demi-heure en demi-heure, entre ces potions, une émulsion légère. La fièvre subsiste, continue avec redoublement, mais moins violente. Il a dormi un peu. La tête n'est point embarrassée, mais il y a toujours mal. Le bout de la langue est du rouge le plus vif. Il s'en faut beaucoup que l'œil soit net; il ne l'est guère, je crois, dans ces maladies. La peau n'est pas ardente. Ne conviendrait-il pas de lui ôter sa tisane anti-vermineuse, qui peut l'échauffer et continuer à délayer beaucoup les humeurs? Il a toujours la bouche ouverte, et il lui est difficile de la fermer.

» J'entre dans tous ces détails; je voudrais sauver ce petit garçon... »

XI

Les dernières années de Voltaire.

Il me semble que voilà de nouveaux cieux et une nouvelle terre.
VOLTAIRE, *Lettre à d'Alembert.*

L'auteur de *Zaïre* et de *Candide* sut être, on le voit, autre chose qu'un homme de lettres; il mêla à tout son infatigable activité : industrie, politique, négoce, finances, agriculture; il n'eut qu'un but dans cette multiplicité d'action, l'affranchissement des nations, tenues en tutelle par quelques milliers d'imposteurs. Remplacer sur toute la terre la superstition et le despotisme par la lumière et la justice; allumer dans les cœurs l'enthousiasme de la raison, telle devait être sa tâche. On le vit, pour la mieux accomplir, se créer au centre de l'Europe, sans titre officiel, tous les droits d'un monarque. Mais « le roi Voltaire » employa sa puissance à éclairer les peuples, à protéger les faibles. Aussi, vers la fin de sa vie, avait-il acquis une popularité immense dont lui-même, dans sa solitude de Ferney, ne soupçonnait pas l'étendue. Il voyait bien, par le nombre de voyageurs illustres qui sans cesse venaient lui rendre hommage, que sa gloire avec les années n'avait fait que grandir; mais il était loin de savoir à quel point elle s'était propagée en haut et en bas. Un mot de Turgot put le lui apprendre; on lui rapporta que le célèbre ministre avait dit : « M. de Voltaire ne connaît pas ses forces. » Ce mot étonna le vieux philosophe au fond de ses montagnes; la pensée lui venant dès lors de voir par ses yeux ce qu'il en devait croire, il conçut le projet de revoir la France avant de mourir. Il voulut apprécier par lui-même jusqu'à quel point s'était fait dans les esprits ce changement dont on lui parlait tant. Sans doute, l'élite de l'Europe, dont il avait vécu entouré, favorisait de ses vœux et de son influence le renouvellement de toutes les doctrines; mais le gros de la nation (qui à la longue emporte tout, comme il le répétait sans cesse) était-il aussi bien préparé? Voltaire n'ignorait pas qu'il était en Europe la voix de la réforme, il savait que sa personne était devenue l'étendard de l'esprit moderne : mais il voulait voir jusqu'à quel point ses idées avaient été adoptées par le peuple; il voulait voir quel accueil lui serait fait maintenant chez ses compatriotes. Ses quatre-vingt-quatre ans ne serviraient-ils pas de sauf-conduit à la philosophie en sa personne, en cas qu'elle fût encore suspecte? Sous le manteau du vieillard, ne pourrait-il pas introduire le réformateur? Ne serait-il pas possible, en effet, que, par soixante ans de travaux, il eût acquis quelque autorité morale sur les Français?

D'autres raisons encore le poussaient vers Paris : il venait de faire une tragédie nouvelle (*Irène*), et il était bien aise de s'entendre avec Lekain et d'en diriger les premières représentations. L'auteur de *Zaïre* désirait un nouveau succès. *Voltaire,* disait Diderot, *a de la gloire pour un million, et il en veut encore pour deux liards.*

Ajoutons ce dernier point, que le vieillard n'avait pas vu Paris, sa ville natale, depuis près de trente ans, et qu'à vrai dire il ne l'avait jamais habitée deux ans de suite depuis l'âge de vingt ans ; mais il y conservait de vieux amis qu'il désirait revoir. La ville elle-même lui tenait au cœur ; il aimait ses édifices, ses rues, ses jardins, ses quais. Mourrait-il sans revoir les rives de la Seine? Sa famille l'excitait au départ. Mme Denis, malade et vieille, s'ennuyait à Ferney. Son nouveau gendre, le marquis de Villette, qui venait d'épouser la fille d'un gentilhomme du canton de Gex, Mlle de Varicourt (*Belle-et-Bonne*), adoptée par Mme Denis depuis quelques années, et devenue, comme Cornélie, quasi fille de Voltaire, voulait aussi l'emmener à Paris.

Belle-et-Bonne, qu'il aimait d'un amour de grand-père, l'engageait de tout son cœur au départ; Villette insistait, ses amis l'appelaient. Il partit donc, malgré les inquiétudes des habitants de Ferney et les remontrances de son vieux secrétaire Wagnière. La colonie tout entière conçut les plus sinistres appréhensions; malgré ses promesses de n'être pas absent plus de six semaines, on prévoyait bien que, d'une manière ou d'une autre, ce voyage serait funeste au vieillard. Lui, au contraire, il semble radieux de rompre son exil, de revenir vers le pays natal.

Le marquis de Villette, sa jeune femme, Mme Denis, plusieurs domestiques partent d'avance... Deux jours après, le 5 février 1778, à midi, Voltaire monte en voiture seul avec Wagnière. *Jamais, dit celui-ci, je ne le vis si joyeux*. Il semblait qu'en retrouvant Paris il allait retouver ses vingt ans. Etendu dans sa voiture, construite en forme de dormeuse, il faisait à Wagnière des contes à mourir de rire. Ensuite ils passèrent le temps à quelques lectures, et, par intervalles, Voltaire dormait du plus calme sommeil.

Il se proposait de voyager incognito, mais dès le deuxième jour, ayant stationné à Bourg en Bresse, il fut reconnu, et la foule en un instant entoura sa voiture avec curiosité et respect. La joie était marquée sur tous les visages. Le maître de poste, apercevant un mauvais cheval parmi ceux qui devaient le conduire, le fit remplacer par un meilleur, et, le voyant partir, cria de toutes ses forces au postillon : *Va bon train, crève mes chevaux, je m'en f..., tu mènes M. de* Voltaire.

Ce propos fit rire le vieux philosophe, mais il fut surpris et touché de voir son nom célèbre même parmi le peuple.

Cependant, la nouvelle du voyage de Voltaire s'était répandue de bouche en bouche, et ce voyage prenait les proportions d'un événement public. Ouvrez à cette date mémoires, correspondances, brochures, gazettes, qu'y voyez-vous? Le voyage à Paris de M. de Voltaire. Les esprits sont dans l'attente comme s'il venait accomplir quelque grande révolution. Partout sur sa route on sent que c'est un monarque qui passe. Dès Dijon, le voici reçu, fêté par les personnes de la première distinction. Parmi ceux qui ne pouvaient être reçus, les uns payaient les servantes d'auberges pour qu'elles laissassent sa porte entr'ouverte; d'autres voulaient s'habiller en garçons d'hôtellerie pour le servir à son souper.

Tout cela l'étonnait profondément : il avait ignoré lui-même, dans sa solitude, jusqu'à quel point ses derniers écrits et le procès Calas avaient remué les âmes... Il commençait à croire au mot de Turgot.

Chose étrange! celui que des magistrats eux-mêmes félicitaient à son entrée dans les villes, était un exilé. Quelques personnes disaient même que l'ordre allait lui être envoyé de sortir du royaume; cependant il n'en avançait pas moins de triomphe en triomphe! La cour n'osa rien faire et prétexta que l'on n'avait pu retrouver aucune ordonnance qui l'exilât de France.

Le 10 février donc, à trois heures et demie, Voltaire descend à Paris, chez son gendre Villette. A l'instant même, le voici qui s'en va tout seul à travers la ville, à pied, surprendre son vieil ami d'Argental. Mais il ne le trouva pas et s'en revint chez Villette, où d'Argental à son tour était à l'attendre. Grande joie de se revoir après trente ans d'absence! Les premiers épanchements passés, d'Argental apprend à Voltaire qu'on vient à l'instant même d'enterrer Lekain. Voltaire pousse un cri terrible à cette nouvelle; on sait qu'il avait compté sur le célèbre acteur pour sa tragédie d'*Irène*.

La première visite reçue fut donc celle de d'Argental; mais combien d'autres suivirent!

La France avait eu pour visiteurs, depuis quelques années, le roi de Danemarck, le roi de Suède, l'empereur Joseph II, mais la présence d'aucun des augustes voyageurs n'avait excité une sensation comparable à celle qui se manifesta dès le premier moment du séjour de Voltaire : l'hôtel Villette, envahi au dehors et au dedans, était à peine accessible ; les comédiens, l'Académie vinrent lui rendre hommage : la reine envoya son amie, Mme de Polignac ; les ministres, plusieurs évêques même se firent présenter. De toutes ces visites, la plus agréagle à Voltaire fut celle de Turgot. C'est avec lui qu'il put s'entretenir de l'état de la France et s'assurer qu'une révolution sans exemple s'était faite depuis trente ans dans les esprits, et tout à l'heure éclaterait dans les institutions.

Franklin était alors à Paris : il vint avec son petit-fils, et, en présence de plus de vingt personnes, le fit mettre à genoux devant M. de Voltaire, en demandant pour lui sa bénédiction. Le philosophe étendit les mains et prononça sur la tête du jeune homme les paroles célèbres : GOD AND LIBERTY ! puis, le relevant, l'embrassa tendrement. Cette scène inattendue et pleine de dignité, cette admirable parole trouvée tout à coup laissèrent une impression profonde chez tous ceux qui en furent témoins. Ils virent là le *patriarche* dans son vrai caractère, celui de pontife de l'humanité. Il venait en effet de bénir cet enfant au nom du seul principe fécond pour les peuples modernes : DIEU ET LA LIBERTÉ !

Au milieu des hommages qui lui sont rendus, Voltaire étincelle d'esprit, de verve, d'à-propos.

Tous le quittent enchantés. On répète ses paroles, on les exalte. C'est le souverain, le saint et le dieu du jour. Les femmes en sont ravies.

« Que cet homme est charmant, écrit Mme de Graffigny, mais qu'il me fait une peine horrible ! Il était hier mourant, il n'a pas laissé de venir faire répéter Clairon ; deux fois sa voix s'est éteinte tout net, et, au moyen de deux tasses de thé au lait, il a repris la déclamation et nous a tous fait pleurer, jusqu'aux Anglais. Je ne connais pas une complaisance qui puisse se comparer à la sienne... Nous pendons demain le crémail à souper avec Voltaire, s'il ne meurt pas d'exténuement aujourd'hui : l'état de consomption où il est me touche comme s'il était mon ami de vingt ans. » (*Lettre inédite.*)

Nulles traces de l'âge cependant, ni dans l'esprit, ni dans le caractère : charmant surtout avec le sexe, il était encore à quatre-vingt-quatre ans, dit Wagnière, d'une amabilité et d'une politesse uniques et enchanteresses ; il semblait retrouver les grâces de l'adolescence : c'étaient les propos les plus fins, les plus agréables.

Un célèbre commentateur de Voltaire, M. Clogenson (de Rouen), possède un portrait du philosophe à quatre-vingt-deux ans : tout est expliqué par cette figure unique : sentiments divins mêlés de mouvements de malice et de ruse : plus de matière : c'est un esprit pur, une flamme. On cherche le visage, il n'y en a plus, mais quels yeux ! Le corps (si corps il y a) est si faible, si près, ce semble, de tomber en ruines, qu'on retient devant lui son souffle de peur de le briser ; et cependant ce pauvre cadavre, tout emmitouflé de fourrures, coiffé jusqu'aux sourcils d'une immense toque de velours, affaissé et tremblotant, est encore plein de grâce.

Voyez en effet quel charme dans ses œuvres d'alors ! quel esprit enchanteur ! quel limpide et harmonieux langage !

Hé quoi ! vous êtes étonnée
Qu'au bout de quatre-vingts hivers
Ma muse faible et surannée
Puisse encor fredonner des vers ?

Quelquefois un peu de verdure
Rit sous les glaçons de nos champs ;
Elle console la nature,
Mais elle sèche en peu de temps.

Un oiseau peut se faire entendre
Après la saison des beaux jours ;
Mais sa voix n'a plus rien de tendre,
Il ne chante plus ses amours.

Ainsi je touche encor ma lyre,
Qui n'obéit plus à mes doigts ;
Ainsi j'essaie encor ma voix
Au moment même qu'elle expire.

La vieillesse, chez Voltaire, paraît un âge enchanté. La vie n'est pour lui qu'une ascension permanente vers les joies éternelles.

Nous avons vu dans la lettre de Mme de Graffigny qu'il dirigeait les répétitions d'*Irène*, donnant lui-même l'intonation aux acteurs et déclamant avec force les principaux passages, souvent même la pièce entière. Les efforts qu'il fit dans cette circonstance joints aux conversations qu'il soutenait du matin au soir et même fort avant dans la nuit, la fatigue de se tenir debout, l'animation, la joie même de se voir ainsi accueilli dans sa patrie, ne tardèrent pas à triompher de ses forces : ses jambes enflèrent, il cracha le sang abondamment, et dans le même temps fut atteint d'une strangurie (difficulté d'uriner). Le voilà donc au lit ! le bruit de sa mort, rapide comme la foudre, se répand dans Paris. Il n'en était pas là cependant : rien d'alarmant ne se présentait encore : mais dans ces circonstances tout s'exagère : on le disait à l'agonie, et les journaux l'imprimèrent.

A la nouvelle de sa maladie les prêtres arrivent. Déjà l'on parlait, s'il ne se confessait, de jeter son corps à la voirie. Un abbé Gauthier fut enfin introduit. Cet abbé Gauthier était un terrible homme ; il venait de convertir l'abbé de L'Attaignant et l'abbé de Villemesens. Un homme qui avait converti tant d'abbés devait vraisemblablement tout convertir. Il ne s'agissait, disait-il, que d'une petite conversation. Trois personnes se trouvaient en ce moment dans la chambre du malade : son neveu l'abbé Mignot, le marquis de Villevieille et Wagnière. Voltaire, qui n'était point du tout à l'agonie et causait très bien, voulut que la petite conversation eût lieu en présence de ces messieurs. L'abbé Gauthier demanda à rester seul avec M. de Voltaire. Wagnière, l'abbé Mignot et le marquis de Villevieille se retirèrent. Wagnière, qui était protestant et qui avait en horreur les petites conversations avec les prêtres catholiques, écouta à travers la porte très mince et entendit qu'en effet ils causaient. L'abbé priait tout bonnement M. de Voltaire de lui écrire et de lui signer un petit papier... Comme il s'agissait de n'être pas jeté à la voirie, Voltaire consentit volontiers à faire quelque chose; il appela Wagnière, demanda de l'encre et écrivit une déclaration dans laquelle il était dit « qu'il voulait mourir dans la religion catholique, où il était né; qu'il demandait pardon à Dieu et à l'Eglise, s'il avait pu les offenser. » Il accompagna ce papier d'un billet de six cents livres pour les pauvres de la paroisse Saint-Sulpice.

L'abbé était loin d'être satisfait de cette déclaration un peu vague; il crut néanmoins, pour ce jour-là, devoir s'en contenter, et pria doucement le malade de consentir à une petite cérémonie; il ne s'agissait que de la communion. Voltaire répondit : *Monsieur l'abbé, faites attention que je crache continuellement du sang; il faut bien se donner de garde de mêler celui du bon Dieu avec le mien.*

L'abbé comprit que le malade conservait encore tout son esprit; il se retira.

Cependant, quelques jours plus tard, Voltaire se trouva décidément mal, il se crut lui-même à sa dernière heure. Il demanda de nouveau du papier à Wagnière (étant seul avec lui), et fit cette déclaration spontanée, où il mit vraiment la dernière et l'unique pensée de sa vie :

Je meurs en adorant Dieu, en aimant mes

amis, en ne haïssant pas mes ennemis et en détestant la superstition.

28 *février* **1778.**

Et il signa.

Cependant il ne mourut point. On le vit bientôt reprendre le travail et s'occuper des répétitions de sa tragédie d'*Irène*. Trop faible pour assister aux premières représentations, il se fit rendre compte d'acte en acte de l'effet produit par tels et tels passages; il s'informait surtout de l'accueil fait à ses vers sur Dieu, et, quand il sut qu'on les avait applaudis, il fut content. Ceci contribua même à le rétablir plus vite, et il se résolut bientôt d'assister à une séance publique de l'Académie.

Le 30 mars était le jour indiqué pour cette séance. Tout Paris sut que M. de Voltaire allait à l'Académie. Les rues où il devait passer se trouvèrent encombrées de bonne heure, et les fenêtres garnies. Les plus intrépides vont s'entasser, pour le voir sortir, à la porte de l'hôtel Villette. L'empressement était d'autant plus vif, que, pendant quelques jours, le bruit de sa maladie et même de sa mort s'étant répandu, on avait désespéré de le voir. Il fallait donc se hâter, profiter de cette occasion, vraisemblablement la dernière.

Qu'on se figure l'émotion de la foule lorsque ce mot, répété par des milliers de voix, fut transmis jusqu'aux portes de l'Académie : *le voici !*

Enveloppé de la tête aux pieds dans un vaste manteau d'hermine, doublé de velours rouge (présent de l'impératrice de Russie), on ne distingue que ses deux yeux brillants au fond de sa voiture, peinte en azur et parsemée d'étoiles d'or. Mais ces deux yeux électrisent la foule : le génie de la France brille dans ce regard. Le voici donc ! sa voiture peut à peine avancer au milieu de la foule. On se précipite aux portières, on baise ses mains, son manteau, ses chevaux. Quelques-uns montent sur sa voiture. Une pauvre femme se fait jour en criant : *Je veux voir le sauveur des Calas.* Aussitôt cette acclamation retentit mille fois répétée : *Vive le sauveur des Calas!* C'était le cri du peuple. Mais la foule augmente : quel est ce cortége? C'est l'Académie qui vient en corps au-devant de lui, entourée de l'élite littéraire de la nation. On le reçoit aux cris de : *Vive l'auteur de Zaïre! vive la Henriade! vive Mérope! vive l'Essai sur les mœurs!* Quelques jeunes gentilshommes, dit-on, crièrent : *Vive la Pucelle!* Toutes ses œuvres étaient tour à tour rappelées et applaudies ; mais le gros du public s'en tenait à son cri : *Vive le sauveur des Calas!*

Wagnière et le marquis de Villette le soutinrent pour monter à l'Académie ; on le conduisit au siége du directeur, et son portrait, entouré de fleurs, fut placé au-dessus de son fauteuil. L'élite de l'Europe était accourue là ; Franklin s'y trouvait, on alla le prendre dans la salle pour le faire asseoir à côté de Voltaire. Lorsque les deux vieillards se saluèrent, ce fut une acclamation immense. Les deux plus célèbres représentants de la liberté sur la terre comprirent le vœu de la foule, ils s'embrassèrent... De semblables moments ne se peuvent point peindre. Disons seulement que les témoins de cette scène ne l'oublièrent jamais.

Voltaire avait promis d'assister le même jour à la sixième représentation d'*Irène*. Il y eut un tel embarras de carosses et de peuple aux environs du théâtre, qu'il fallut des gardes pour lui ouvrir un passage pendant que mille voix répétaient à l'envi : *Place à Voltaire!* La salle du théâtre avait été, au dehors et au dedans, magnifiquement illuminée, et ornée çà et là d'inscriptions tirées des principaux passages de ses tragédies. La loge des gentilshommes de la chambre, richement décorée, devait le recevoir. Mme Denis et Mme Villette sont déjà placées, la salle est comble, et le parterre, *dans les convulsions de la joie*, dit un contemporain, attend l'arrivée du poëte.

Il paraît enfin. L'auditoire entier se lève comme un seul homme et le salue. Les battements de mains, les vivats, les trépignements, les exclamations de joie ne peuvent s'arrêter. La France paye au poëte, en un seul jour, soixante ans de plaisirs, et donne un libre cours à sa reconnaissance envers le défenseur de tant d'opprimés. Par intervalles le vieillard levant le bras pour essuyer ses larmes, on croyait qu'il allait parler, et il se faisait des silences profonds. Ce fut dans un de ces moments que des milliers de voix s'écrièrent : *Qu'on lui porte une couronne!* alors ce n'est plus qu'une tempête de cris où l'on ne distingue que ces mots : *La couronne! la couronne!*

Un acteur aimé du public et applaudi dans le rôles de *pères nobles*, le bon Brisard, s'avance pour couronner Voltaire. Celui-ci refuse longtemps un honneur jusqu'ici sans exemple ; mais ce cri part de tous les points de la salle : *C'est le public qui l'envoie.*

« Les transports d'allégresse continuèrent presque sans interruption l'espace de quatre heures, dit un témoin oculaire, et se varièrent en cent façons. Chaque spectateur exprimait son plaisir à sa manière : les uns l'exhalaient par *vive Voltaire! vive Sophocle! vive notre Homère!* les autres exprimaient leurs hommages en criant : *Honneur à l'homme unique! honneur au philosophe qui apprend à penser!* Il était des moments où l'on n'entendait que le bruit confus de mille voix qui s'écriaient : *Gloire à l'homme universel!* »

Ce fut de lui que l'on vint prendre l'ordre de commencer, honneur qui ne s'était jamais fait qu'au roi.

« Pendant la représentation d'*Irène*, dit l'écrivain précité, le public, entraîné comme malgré lui par le désir de le posséder, et se livrant sans réserve au sentiment de son admiration, interrompit plusieurs fois les acteurs pour crier : *Gloire au défenseur des Calas! gloire au défenseur de Sirven et de Montbailly!* Dans l'excès de la joie dont tous les cœurs étaient pleins, les uns versaient des larmes d'attendrissement, tandis que d'autres, debout dans leurs loges et dans les transports de l'ivresse commune, levaient les mains vers lui, comme vers un être qu'on révère et qu'on invoque.

» Celui qui décrit cette scène était présent. Il s'était rendu au spectacle, non pour voir Voltaire : c'était un plaisir qu'il lui était permis de goûter quelquefois ; non pour l'applaudir, sa voix eût été perdue dans la foule, mais uniquement pour être témoin de l'impression que la présence du grand homme devait faire sur l'élite de la nation ; et tandis que tous les yeux étaient avidement fixés sur lui, ceux de l'historien parcouraient toutes les attitudes, observaient toutes les physionomies, et il avoue qu'il n'en vit aucune qui ne portât l'empreinte d'une âme ivre de plaisir. »

Et pourtant tout cet enthousiasme s'augmenta encore après que l'on eut achevé, au milieu des applaudissements, la représentation d'*Irène* ; il y eut alors une scène aussi inattendue des spectateurs que de Voltaire lui-même.

Le rideau baissé se relève tout à coup pour laisser voir une décoration splendide au milieu de laquelle apparaît sur un piédestal la statue de Voltaire couronnée. Les acteurs, rangés en cercle, l'entourent, tenant dans leurs mains des palmes et des guirlandes. Au même instant de joyeuses fanfares de voix et d'instruments se font entendre. C'est l'apothéose du grand homme présent pour en jouir lui-même, à quatre-vingt-quatre ans, au milieu de ses contemporains !

Mais attendez ! la symphonie a cessé. Une actrice (c'est Mme Vestris) s'avance sur le bord du théâtre, un papier à la main ; pleine d'émotion et de grâce, elle adresse au patriarche ces vers, improvisés pendant la représentation d'*Irène* :

Aux yeux de Paris enchanté,
Reçois en ce jour un hommage,
Que confirmera d'âge en âge
La sévère postérité !
Non, tu n'as pas besoin d'atteindre au noir rivage
Pour jouir des honneurs de l'immortalité ;
Voltaire, reçois la couronne
Que l'on vient de te présenter ;
Il est beau de la mériter,
Quand c'est la France qui la donne !

Tous les acteurs aussitôt déposent, en s'inclinant, leurs palmes aux pieds de la statue. L'enthousiasme était tel qu'une actrice alla jusqu'à la baiser, et tous les autres l'imitèrent. La plupart des spectateurs, dit-on, étaient en larmes. Quant à Voltaire, il ne répétait que ces mots : « On veut me faire mourir de plaisir. » Il ne voyait pas seulement son triomphe dans tous ces hommages, il voyait le triomphe de la philosophie, de la raison et de la justice. Ces honneurs il les recevait avec joie moins pour lui que pour la cause sacrée qu'il avait défendue.

Quand tout fut fini, quand il fallut se séparer du vieillard, sans doute pour ne plus le revoir, l'attendrissement fut au comble : « Il fut obligé pour sortir, dit M. de Condorcet, de percer la foule entassée sur son passage : faible, se soutenant à peine, les gardes qu'on lui avait donnés pour l'aider lui étaient inutiles ; à son approche on se retirait avec une respectueuse tendresse ; chacun se disputait la gloire de l'avoir soutenu un moment sur l'escalier ; chaque marche lui offrait un secours nouveau, et on ne souffrait pas que personne s'arrogeât le droit de le soutenir trop longtemps. »

Les spectateurs suivirent sa voiture aux cris de *vive Voltaire!* jusqu'à sa rentrée à l'hôtel Villette. Lorsqu'il en descendit, dans la cour, *on se précipitait à ses pieds, on baisait ses vêtements*, dit encore Condorcet ; et il ajoute : « Jamais homme n'a reçu des marques plus touchantes de l'admiration, de la tendresse publique ; jamais le génie n'a été honoré par un hommage plus flatteur. Ce n'était point à sa puissance, *c'était au bien qu'il avait fait que s'adressait cet hommage*. Un grand poëte n'aurait eu que des applaudissements, les larmes coulaient sur le philosophe qui avait brisé les fers de la raison et vengé la cause de l'humanité. »

Voltaire pouvait désormais sans crainte attendre la mort; il avait reçu le viatique des grands cœurs; sa tâche était accomplie.

Cependant il se remet à l'œuvre. Malade, exténué de faiblesse, il ne songe point au repos ; il sait que le travail est la santé de l'âme ; il s'éteint physiquement, mais son action morale n'en est point ralentie. De corps il semblait réellement détruit. Comment vivait-il ? C'était un miracle. Aussi la vue seule de l'inconcevable vieillard faisait du bien. Je ne sais quelle allégresse, quelle espérance infinie s'empare de tous ceux qui l'approchent. Une bénédiction s'est répandue sur eux ; ils ont vu en l'homme quelque chose d'indestructible. Enfants, vieillards, peuple, savants, fous et sages, tous, dès qu'ils l'ont aperçu, entonnent un chant de triomphe. La seule présence du *patriarche* eut une action incalculable sur la génération naissante ; elle eut pour résultat de douer toute une grande nation : que d'âmes, en effet, puisèrent dans son regard une étincelle du feu sacré qui devait éclore quelques années plus tard! On ne peut dire ce que son voyage à Paris valut à la France et au monde. Ce sont là les mystères de l'histoire.

Après un tel triomphe, il comprit très bien qu'il n'avait plus qu'à disparaître, qu'à retourner dans sa solitude. Mais ce n'est pas sans regrets qu'il consent à s'éloigner de ces lieux où s'est passée son enfance, lieux désormais sacrés pour lui. Il faut partir cependant, il le sent, ne fût-ce que pour mourir en paix ; à Ferney, aux portes de Genève, il ne sera point tourmenté par les prêtres à ses derniers moments. D'ailleurs sa colonie le rappelle, il lui vient de Ferney des supplications chaque jour plus pressantes. Ses colons lui proposent de venir le chercher, de le remporter eux-mêmes sur leurs épaules dans une petite chambre-brancart. Il promet chaque jour et se dispose au départ ; mais il s'attendrit à la pensée de ne plus revoir la ville de ses triomphes. C'est dans ce moment de touchante mélancolie qu'il écrit ses *Adieux*, dédiés à son gendre Villette (les derniers vers qu'il ait composés) :

. . . .

Des Champs-Élyséens, adieu, pompeux rivage,
De palais, de jardins, de prodiges bordé,
Qu'ont encore embelli, pour l'honneur de notre âge,
Les enfants d'Henri quatre et ceux du grand Condé.
Combien vous m'enchantez, Muses, Grâces nouvelles,

Dont les talents et les écrits
Seraient de tous nos beaux esprits
Ou la censure ou les modèles!
Que Paris est changé ! les Welches n'y sont plus.
Je n'entends plus siffler ces ténébreux reptiles,
Ces tartufes affreux, ces insolents zoïles.
J'ai passé : de la terre ils étaient disparus.
Mes yeux après trente ans n'ont vu qu'un peuple ai-
Instruit, mais indulgent, doux, vif et sociable;[mable
Il est né pour aimer. L'élite des Français
Est l'exemple du monde, et vaut tous les Anglais.
De la société les douceurs désirées
Dans vingt Etats puissants sont encore ignorées.
On les goûte à Paris; c'est le premier des arts.
Peuple heureux! il naquit, il règne en vos remparts
Je m'arrache en pleurant à son charmant empire ;
Je retourne à ces monts qui menacent les cieux,
A ces antres glacés où la nature expire.
Je vous regretterais à la table des dieux.

Il allait donc partir; mais son quasi-gendre Villette, mais Mme Denis, mais *Belle et Bonne*, enivrés de la gloire que sa présence à Paris fait rejaillir sur eux, insistent pour qu'il reste encore. Villette, devenu lui-même un poëte éloquent au milieu de cet enthousiasme universel, lui remet un matin ces vers qui aussitôt circulent dans tout Paris, et ne sont qu'un écho de la voix publique :

Quand la ville et la cour vous offrent leur hommage,
Et qu'un peuple enchanté vous porte dans ses bras,
Quand vous voyez devant vos pas
Le respect et l'amour peints sur chaque visage;
Quand des pleurs de tendresse échappés de nos yeux
Ont arrosé votre passage :
Vous voulez nous quitter! et vous fuyez ces lieux
Où l'on adore votre image!
Le Français, autrefois si léger, si volage,
Cesse de l'être en vous aimant.

Heureux législateur de ce peuple charmant,
Ainsi que ses plaisirs, ses mœurs sont votre ouvrage.
Oui, vous avez changé Paris ;
Couronné, soixante ans, des mains de Melpomène,
Par vos chefs d'œuvre sur la scène,
Vous avez, soixante ans, éclairé les esprits.
De tous côtés la gloire vous assiége ;
Mais l'amitié pour vous n'a-t-elle point d'attraits ?
Maître de tous les cœurs, ah! restez à jamais
Au milieu d'un si beau cortége !
Les Welches d'autrefois sont devenus Français,
Ces changements sont grands, mais c'est vous qui les [faites.
Soyez témoin de vos succès.
Et jouissez de vos conquêtes.

Il différa donc de quelques jours encore et se remit au travail ; mais la fièvre revint terrible...

Le 28 mai, comme il était très mal, le curé de Saint-Sulpice se présente, et il essaye fièrement d'entamer une controverse avec le moribond. *Reconnaissez-vous*, lui crie-t-il d'une voix bruyante, *la divinité de Notre-Seigneur Jésus-Christ ?* Le malade fait un effort suprême et répond : *Au nom de Dieu, ne me parlez pas de cet homme-là.* Le curé insiste : *laissez-moi mourir en paix*, dit le vieillard en levant le bras ; et sa main, retombant sur la tête du prêtre (cet incident fut très remarqué), fait rouler sa calotte par terre. Celui-ci la ramasse, la secoue et sort. Il ne reparut plus.

Il alla publier parmi ses confrères que le philosophe de Ferney était mort comme un impie, mais qu'il ferait jeter son cadavre à la voirie.

Cependant Voltaire conserva encore sa raison quelques heures. Il entretenait doucement ses amis ; mais le délire vint bientôt ; il croyait voir le regard haineux des fanatiques : il répétait à sa nièce, au milieu de paroles entrecoupées : *Ma pauvre enfant, ils jetteront mon cadavre à la voirie!* Après quelques heures d'agitation, il resta immobile et silencieux. Sa famille et ses amis atterrés entouraient son lit, s'attendant à le voir expirer; ils admiraient cependant, à ce moment suprême, la beauté de ses traits et je ne sais quel rayon d'enthousiasme qui brillait encore dans son regard; mais quelqu'un entre : on vient annoncer, de la part de M. Lally fils, à M. de Voltaire, s'il en est temps encore, *la réhabilitation de son père*. Le mourant, à ces mots, donne un signe de vie et de joie, une larme brille dans ses yeux; il se fait apporter une plume et un peu de papier; on lui soulève la tête, et de sa main, déjà glacée par le froid de la mort, il trace ces mots :

Le mourant ressuscite en apprenant cette grande nouvelle; il embrasse tendrement M. de Lally; il voit que le roi est le défenseur de la justice; il mourra content.

Content, ce fut le dernier mot que cette main traça, et ce mot voulait dire: *l'humanité triomphe!*

Il mourait *content!* ce fut le fruit de cette vie, consacrée tout entière au bonheur des hommes.

Il mourait *content;* mais ses ennemis étaient saisis de rage; une réunion secrète d'évêques eut lieu, dans laquelle quelques-uns proposèrent, comme l'avait dit le curé, de jeter son cadavre à la voirie.

Voltaire respirait toujours; mais depuis le

billet à M. de Lally, il était retombé dans l'accablement et le silence... Pourtant il prononça encore ces paroles, en pressant la main de son valet de chambre : *Adieu, mon cher Morand, je me meurs;* et, le 30 mai 1778, à onze heures un quart du soir, il expira.

On a cru nécessaire d'entrer dans ces détails sur la vie et la mort de Voltaire, parce qu'ils sont la confirmation de ses œuvres, parce qu'ils ont eu sur ses contemporains autant et peut-être plus d'influence qu'aucun de ses livres. L'auteur du *Dictionnaire philosophique* ne sut pas seulement écrire et penser, il sut vivre et mourir, et mettre dans le cours de sa longue existence une inébranlable unité. La même pensée inspire toutes ses paroles, toutes ses actions ; de dix-huit à quatre-vingt-quatre ans, il n'est pas un seul instant distrait de sa tâche : ni les troubles de la jeunesse, ni l'ambition, ni les maladies, ni les persécutions, ni la vieillesse ne purent l'arrêter. On raconte qu'à Ferney, dans une maladie très grave qui l'avait tenu plusieurs jours en danger de mort, il se faisait faire des lectures dont il ne perdait pas un mot ; mais le médecin, craignant que ces lectures ne lui causassent quelque fatigue , les fit interdire. Bien plus, on lui défendit de parler et même de penser. Le malade était donc resté pendant quinze jours immobile et silencieux. Mais aussitôt que la permission de parler lui fut rendue , on s'aperçut que pendant ce temps il avait composé et retenu par cœur une tragédie tout entière qu'il s'empressa de dicter.

XII

Les dernières années de Rousseau.

> C'est quelque chose, quand on n'a plus ni force ni santé pour travailler de ses bras, d'oser, de sa retraite, faire entendre la voix de la vérité... J'ai fait, selon ma portée, tout ce que j'ai pu pour la société.
>
> (J.-J. Rousseau, *Lettres à M. de Malesherbes*.

Jean-Jacques ne survécut à Voltaire que de cinq semaines. Il mourut à Ermenonville le 2 juillet. On l'a accusé de s'être lui-même donné la mort ; cette accusation, je l'avoue, ne m'a jamais paru suffisamment prouvée. Qu'il ait été, dans ses derniers jours, atteint d'hypocondrie, cela est certain ; mais son génie, son élévation, sa confiance en la nature et en Dieu lui conservèrent, dans ses plus sombres accès, une sérénité enchanteresse. La mélancolie même était devenue pour lui une sorte de volupté. Hélas ! cette hypocondrie de Rousseau nous a valu, par imitation, toute une école de pleureurs. Mais la tristesse dans Jean-Jacques est accompagnée d'un espoir infini qui donne à ses derniers écrits leur grandeur et leur charme.

D'ailleurs, que de moments heureux dans sa vie agitée et inquiète ! Si Voltaire, dans une existence royale, put se croire et se dire quelquefois le plus heureux des hommes, Jean-Jacques eut aussi, dans sa pauvreté, des heures enchantées et bénies. Ecoutons-le dans quelqu'un des récits qu'il nous fait lui-même de ses promenades au milieu de la campagne ; tout entier à lui-même et à la nature, ému de tout ce qui l'environne comme le serait un enfant, il sait, comme le dit si bien A. Dumesnil dans son livre de *l'Immortalité*, trouver *le ciel sur la terre.*

Le récit qu'on va lire est emprunté à l'un des derniers écrits de Rousseau, aux *Rêveries du promeneur solitaire*, sorte de *post-scriptum* ajouté à ses *Confessions*, et de tous ses ouvrages celui peut-être où il a su le mieux mettre son âme :

« Un dimanche nous étions allés, ma femme et moi, dîner à la Porte-Maillot : après le dîner nous traversâmes le bois de Boulogne jusqu'à la Muette ; là nous nous assîmes sur l'herbe à l'ombre, en attendant que le soleil fût baissé, pour nous en retourner ensuite tout doucement par Passy. Une vingtaine de petites filles, conduites par une manière de religieuse, vinrent, les unes s'asseoir, les autres folâtrer assez près de nous. Durant leurs jeux, vint à passer un oublieur avec son tambour et son tourniquet, qui cherchait pratique ; je vis que les petites filles convoitaient fort les oublies, et deux ou trois d'entre elles, qui apparemment possédaient quelques liards, demandèrent la permission de jouer. Tandis que la gouvernante hésitait et disputait, j'appelai l'oublieur et je lui dis : Faites tirer toutes ces demoiselles chacune à son tour, et je vous paierai le tout. Ce mot répandit dans toute la troupe une joie qui seule eût plus que payé ma bourse, quand je l'aurais toute employée à cela.

» Comme je vis qu'elles s'empressaient avec

un peu de confusion, avec l'agrément de la gouvernante, je les fis ranger toutes d'un côté, et puis passer de l'autre côté l'une après l'autre, à mesure qu'elles avaient tiré. Quoiqu'il n'y eut point de billet blanc, et qu'il revînt au moins une oublie à chacune de celles qui n'auraient rien, qu'aucune d'elles ne pouvait donc être absolument mécontente, afin de rendre la fête encore plus gaie, je dis en secret à l'oublieur d'user de son adresse ordinaire en sens contraire, en faisant tomber autant de bons lots qu'il pourrait, et que je lui en tiendrais compte. Au moyen de cette prévoyance, il y eut près d'une centaine d'oublies distribuées, quoique les jeunes filles ne tirassent chacune qu'une seule fois; car là-dessus je fus inexorable, ne voulant ni favoriser des abus, ni marquer des préférences, qui produiraient des mécontentements. Ma femme insinua à celles qui avaient de bons lots d'en faire part à leurs camarades, au moyen de quoi le partage devint presque égal, et la joie plus générale.

» Je priai la religieuse de tirer à son tour, craignant fort qu'elle ne rejetât dédaigneusement mon offre; elle l'accepta de bonne grâce, tira comme les pensionnaires, et prit sans façon ce qui lui revint. Je lui en sus un gré infini, et je trouvai à cela une sorte de politesse qui me plut fort, et qui vaut bien, je crois, celle des simagrées. Pendant toute cette opération, il y eut des disputes qu'on porta devant mon tribunal; et ces petites filles, venant plaider tour à tour leur cause, me donnèrent occasion de remarquer que, quoiqu'il n'y en eut aucune de jolie, la gentillesse de quelques-unes faisait oublier leur laideur.

» Nous nous quittâmes enfin très contents les uns des autres, et cet après-midi fut un de ceux de ma vie dont je me rappelle le souvenir avec le plus de satisfaction. La fête, au reste, ne fut pas ruineuse : pour trente sous qu'il m'en coûta tout au plus, il y eut pour plus de cent écus de contentement ; tant il est vrai que le plaisir ne se mesure par sur la dépense, et que la joie est plus amie des liards que des louis. Je suis revenu plusieurs autres fois à la même place, à la même heure, espérant d'y rencontrer encore la petite troupe ; mais cela n'est plus arrivé. »

Cette citation, où Rousseau lui-même nous parle de sa femme, nous conduit tout naturellement à dire quelques mots de son mariage, qui fut un des traits les plus singuliers de sa vie. Il était alors au plus fort de sa gloire : le *Devin du village*, l'*Héloïse*, l'*Emile*, lui avaient mérité l'admiration de toutes les femmes ; l'enthousiasme de quelques-unes, illustres par leur beauté et par leur naissance, devenait plus que de la tendresse... Rousseau pouvait choisir parmi des duchesses. Mais c'est précisément l'époque de sa vie où il renonce au grand monde, réforme sa toilette, s'enferme dans la solitude. Pour signal de sa rupture complète avec les sociétés aristocratiques et lettrées, il fait plus, il épouse une pauvre fille du peuple. L'action parut folle et le paraît encore ; elle était naturelle dans la vie, alors toute plébéienne, de Jean-Jacques. Mais ce ne fut pas seulement ce choix étrange qui scandalisa, blessa, souleva toutes les malveillances; Rousseau, depuis sa Lettre à l'archevêque de Paris, avait rompu entièrement avec l'Eglise catholique et même avec l'Eglise protestante; or, il n'y avait d'autre mariage alors que le mariage religieux. Jean-Jacques, exclu de l'Eglise, l'était donc du mariage légal, et il n'y avait de possible pour lui que le concubinage. Avoir établi cela, c'était proclamer qu'en dehors de l'Eglise il n'y a ni loi, ni justice. Rousseau fit alors cette chose hardie, trop peu remarquée, d'amener Thérèse Levasseur devant deux témoins, dont l'un était maire * et de jurer devant Dieu et les hommes qu'il la reconnaissait pour sa femme, et Thérèse, librement consultée, déclara qu'elle l'acceptait pour mari. Jean-Jacques, en cela si mal compris de ses contemporains, venait de créer le mariage civil.

On devine si les beaux esprits qui le visitaient encore dans sa retraite, s'en donnèrent à cœur joie sur la pauvre Thérèse! les femmes surtout étaient sans pitié. Un peu de bon accueil et de cordialité eût peut-être peu à peu mis quelque grandeur en cette âme; mais on se plut à lui faire sentir son ignorance, nulle occasion n'était perdue de la troubler, de l'amener à dire ou à faire des sottises. Elle était née timide, on la rendit méfiante; elle avait un esprit fin et pénétrant, elle devint, sous le sarcasme et la calom-

* C'était le maire de Bourgoin, ville dans laquelle eut lieu, en 1768, le mariage de Jean-Jacques.

nie, hébétée et silencieuse. On lui reprochait, et elle accepta comme honte de ne savoir pas l'orthographe; mais on oubliait que l'impératrice de Russie, la grande Catherine, plus ignorante encore, avait été servante dans sa jeunesse et ne savait ni lire ni écrire. Les philosophes, les poëtes, les princes, n'en étaient pas moins à ses pieds.. Il y eut, on en conviendra, légèreté à des philosophes de n'avoir qu'adulation pour cette impératrice et que dédains pour l'humble femme de Jean-Jacques.

Que reprochait-on à Thérèse Levasseur? Un moment d'oubli et d'infidélité. La malheureuse! s'écriait-on. Eh! messieurs, n'avez-vous jamais entouré de respect des femmes infidèles? n'avez-vous pas écrit des volumes d'éloges sur Mme du Châtelet infidèle à son mari, infidèle à Voltaire, et qui trompa tout le monde?

On répond : Oui; mais Thérèse eut la bassesse de se laisser séduire par un jardinier.

Vous oubliez que ce jardinier était son égal! Mais quoi! la faute, avec un prince, eût-elle été moins grande? Là, au contraire, eût été la véritable bassesse. Eh bien! soit. Jean-Jacques, en choisissant pour femme une fille du peuple, n'eut pas la main chanceuse; mais parmi des duchesses, il eût pu l'avoir moins chanceuse encore.

L'irréparable faute de Thérèse, celle où vraiment apparaît sa misère morale, c'est d'avoir souffert qu'on lui enlevât ses enfants, d'avoir permis que Jean-Jacques, dans une heure de dureté, les mît à l'hôpital. Ah! c'est alors qu'elle devait être infidèle au philosophe sans entrailles : ou plutôt n'était-ce pas à elle d'éveiller ce grand cœur à la paternité ? Habituée par tendresse ou respect à se soumettre en tout aux volontés de Jean-Jacques, la désobéissance et la révolte étaient, sur ce point, le plus sacré des devoirs : c'était son propre instinct, non les tristes raisons maritales qu'elle devait entendre ; elle eût pu dans cette circonstance, en sauvant ses enfants, sauver l'honneur de Jean-Jacques, et réduire au silence toutes les calomnies; elle ne le fit pas. Voilà ce qui rendra honteux à jamais son nom de Thérèse Levasseur.

En présence d'un tel crime, n'est-il pas triste de voir les beaux esprits lui reprocher, quoi ? son ignorance et sa sottise. Ils oublient que Jeanne-Darc ne savait pas lire, et qu'elle sauva la France. Ils oublient que tout vrai cœur de femme est le plus beau des livres. Thérèse, en ne consultant qu'elle-même, pouvait donner à Jean-Jacques la plus sacrée des leçons ; elle pouvait lui donner sa vraie gloire en le forçant d'être père; mais elle le laissa n'être qu'un philosophe.

Toutefois, ce crime de Thérèse Levasseur fut un peu celui du XVIIIe siècle. La femme y fit défaut. Une vraie femme est aussi ce qui manqua à Voltaire. La du Chatelet, avec toute sa science, lui fit presque autant de mal que Thérèse à Jean-Jacques. La vieille servante *Baba* et Mme Calas, par ses deux années de séjour à Ferney, firent plus pour son élévation morale que toutes les princesses dont il vécut entouré.

La femme paraît jouer un grand rôle au XVIIIe siècle ; elle en joue, en réalité, un petit. L'épouse et la mère n'influent que très peu sur les meilleurs et plus fermes esprits de ce temps. Chez tous, même chez Buffon, même chez le président de Montesquieu, on retrouve un caractère galantin qui les affaiblit. Diderot eût été certainement un de nos plus puissants écrivains si, fréquentant un peu moins la très docte et très spirituelle Mlle Voland, il fût resté davantage au foyer, près de sa « sotte de femme, » qui eût pu être moins « sotte » sans doute si lui-même se fût montré moins léger.

L'abandon de ses enfants, tant reproché à Jean-Jacques, fut donc plutôt le crime de sa femme que le sien même ; mais, en ceci, la pauvre Thérèse eut un peu tout le monde pour complice. Entourée de philosophes qui l'avaient habituée à les considérer comme de grands hommes, elle ne sentit pas que ses instincts de femme eussent été supérieurs à toute philosophie ; comme une dévote aux mains de ses directeurs, elle apprit à dédaigner ses propres sentiments. Ce fut sa perte et sa honte.

On se plaît (et l'on a raison) à relever les sottises ecclésiastiques, mais les sottises philosophiques chez les esprits médiocres au dernier siècle, sur bien des points, n'étaient pas moins dangereuses ; il fallait les entendre, par exemple, chez le baron d'Holbach. La plupart d'entre eux se croyaient d'admirables esprits pour avoir rejeté tous sentiments naïfs. *Sentiments populaires!* disaient-ils avec mépris. Ils appelaient cela secouer le joug des préjugés. Mais qui pourrait dire ce qui n'était pas préjugé pour ces gens-là ?

— Point de Dieu ! Nulle autre loi que les sens !

— Mais la conscience ?...

— Illusion !

— Les remords ?...

— Folie !

— Les vices ?...

— Sont la vertu, puisqu'ils font le bonheur.

Rousseau, après les avoir fréquentés malheureusement trop longtemps, finit par prendre en horreur les *holbachiens*.

Voltaire, non moins indigné, disait : « Il y a une grande différence entre combattre les superstitions des hommes et rompre les liens de la société et les chaînes de la vertu. » Et encore : « Ces gens-là seraient trop dangereux, s'ils n'étaient pas tout à fait fous. »

Quelles qu'aient été les fautes et les erreurs de Rousseau, n'oublions jamais qu'il eut pour tâche, ainsi que Voltaire, d'empêcher les âmes de se précipiter dans l'anarchie morale où l'aristocratie européenne menaçait d'emporter les peuples ; que ce qui leur donna, à l'un et à l'autre, tant d'importance, c'est qu'ils furent pour les peuples le vrai rempart contre l'impiété et contre le retour à l'ancien fanatisme.

La lutte que soutint Rousseau, lutte formidable et presque sans exemple, ne dura guère qu'une dixaine d'années, mais ce furent dix années d'une véritable explosion ; après quoi, il n'eut qu'un désir, se refaire une existence ignorée et tranquille, fuir le monde, échapper à la gloire, s'enfermer seul avec Thérèse au fond de quelque campagne isolée. Pour mieux cacher sa trace, il cessa même de porter son nom de Rousseau, ne voulut plus être que M. Renou. Renonçant à toute polémique, il vendit ses livres et n'admit plus dans sa bibliothèque que des ouvrages de botanique ; il parcourait la campagne, cueillait des fleurs, composait des herbiers, faisait de la musique, ou bien il s'occupait avec *Mme Renou* des soins du ménage. Quelques admirateurs intrépides, auxquels ni son pseudonyme, ni sa retraite n'avaient réussi à faire perdre sa trace, venaient le visiter : ils le trouvaient, chose étrange! occupé de son pot-au-feu. On ne pouvait concevoir qu'un homme qui vivait d'une vie si modeste eût été un grand homme. Rousseau démocratisait la gloire ; mais ce côté de sa tâche ne fut pas compris de ses contemporains ; ils se scandalisaient au contraire de voir un homme de génie se contenter de cette existence plébéienne. Ils ne comprenaient la gloire qu'en carrosse à quatre chevaux ; et Jean-Jacques cheminait à pied de Genève à Paris, son petit paquet sur l'épaule. Mais, spectacle incroyable! les rois et les peuples, le pape de Rome et le pape de Ferney, s'inquiétaient des moindres paroles du pauvre piéton, qui vivait avec 800 livres de rentes.

Cet humble *M. Renou*, qu'on voyait sous l'aspect d'un petit bourgeois de village cheminer le long des sentiers, qui volontiers causait avec les paysans les plus pauvres et vers lequel les enfants se sentaient attirés, c'était en Europe, pour les uns, un objet d'épouvante, tandis que les autres voyaient en lui le défenseur invincible de la liberté. Paris l'acclamait comme un compatriote ; mais cent cinquante mille prêtres, en France, dans leurs sermons, le désignaient comme l'antechrist. Lui cependant, content de son œuvre et sûr de la victoire, il s'était avec joie retiré du combat. Cris de haine ou acclamations, rien de ce qui se disait dans le monde pour ou contre Jean-Jacques n'arrivait à l'heureux *M. Renou*, tranquille explorateur de la nature et disciple fervent de Linné. Deux choses l'occupaient maintenant, la musique et les fleurs. Si parfois cependant quelques lettres de ses admirateurs ou de ses amis arrivaient jusqu'à lui, si des jeunes gens lui demandaient conseil, lorsqu'il croyait voir à ces demandes de la sincérité, il y répondait volontiers et retrouvait alors des pages admirables.

« Je sens, monsieur, l'inutilité du devoir que je remplis en répondant à votre dernière lettre, écrit-il à un jeune inconnu ; mais c'est un devoir enfin que vous m'imposez, et que je remplis de bon cœur, quoique mal, vu les distractions de l'état où je suis.

» Mon dessein, en vous disant ici mon opinion sur les principaux points de votre lettre, est de vous la dire avec simplicité, et sans chercher à vous la faire adopter. Cela serait contre mes principes et même contre mon goût. Car je suis juste, et comme je n'aime point qu'on cherche à me subjuguer, je ne cherche non plus à subjuguer personne.

» Vous me marquez, monsieur, que le résultat de vos recherches sur l'auteur des choses est un état de doute : je ne puis juger de cet état, parce qu'il n'a jamais été le mien. J'ai cru dans mon enfance par autorité, dans ma jeunesse par sentiment, dans mon âge mûr par raison ; maintenant, je crois parce que j'ai toujours cru. Tandis que ma mémoire éteinte ne me remet plus sur la trace de mes raisonnements, tandis que ma judiciaire affaiblie ne me permet plus de les recommencer, les opinions qui en ont résulté me restent dans toute leur force ; et sans que j'aie la volonté ni le courage de les mettre derechef en délibération, je m'y tiens en confiance et en conscience, certain d'avoir apporté, dans la vigueur de mon jugement à leurs discussions, toute l'attention et la bonne foi dont j'étais capable. Si je me suis trompé, ce n'est pas ma faute, c'est celle de la nature, qui n'a pas donné à ma tête une plus grande mesure d'intelligence et de raison. Je n'ai rien de plus aujourd'hui ; j'ai beaucoup de moins. Sur quel fondement recommencerais-je donc à délibérer ? Le moment presse ; le départ approche. Je n'aurais jamais le temps ni la force d'achever le grand travail d'une refonte. Permettez qu'à tout événement j'emporte avec moi la consistance et la fermeté d'un homme, non les doutes décourageants et timides d'un vieux radoteur.

» A ce que je puis me rappeler de mes anciennes idées, à ce que j'aperçois de la marche des vôtres, je vois que n'ayant pas suivi dans nos recherches la même route, il est peu étonnant que nous ne soyons pas arrivés à la même conclusion. Balançant les preuves de l'existence de Dieu avec les difficultés, vous n'avez trouvé aucun des côtés assez prépondérant pour vous décider, et vous êtes resté dans le doute. Ce n'est pas comme cela que je fis : j'examinai tous les systèmes sur la formation de l'univers que j'avais pu connaître ; je méditai sur ceux que je pouvais imaginer ; je les comparai tous de mon mieux, et je me décidai, non pour celui qui ne m'offrait point de difficultés, car ils m'en offraient tous, mais pour celui qui me paraissait en avoir le moins. Je me dis que ces difficultés étaient dans la nature de la chose ; que la contemplation de l'infini passerait toujours les bornes de mon entendement ; que, ne devant jamais espérer de concevoir pleinement le système de la nature, tout ce que je pouvais faire était de le considérer par les côtés que je pouvais saisir ; qu'il fallait savoir ignorer en paix le reste.......

. . . .

» Vous objectez que si Dieu eût voulu obliger les hommes à le connaître, il eût mis son existence en évidence à tous les yeux. C'est à ceux qui font de la foi en Dieu un dogme nécessaire au salut de répondre à cette objection, et ils y répondent par la révélation. Quant à moi, je crois en Dieu sans croire cette foi nécessaire ; je ne vois pas pourquoi Dieu se serait obligé de nous la donner.

. . . .

» Cependant, je crois que Dieu s'est suffisamment révélé aux hommes, et par ses œuvres, et dans leurs cœurs ; et s'il y en a qui ne le connaissent pas, c'est, selon moi, parce qu'ils ne veulent pas le connaître, ou parce qu'ils n'en ont pas besoin.

» Dans ce dernier cas est l'homme sauvage et sans culture, qui n'a fait encore aucun usage de sa raison ; qui, gouverné seulement par ses appétits, n'a pas besoin d'autre guide, et qui, ne suivant que l'instinct de la nature, marche par des mouvements toujours droits. Cet homme ne connaît pas Dieu, mais il ne l'offense pas. Dans l'autre cas, au contraire, est le philosophe qui, à force de vouloir exalter son intelligence, de raffiner, de subtiliser sur ce qu'on pensa jusqu'à lui, ébranle enfin tous les axiomes de la raison simple et primitive, et, pour vouloir toujours savoir plus et mieux que les autres, parvient à ne rien savoir du tout. L'homme à la fois raisonnable et modeste, dont l'entendement exercé, mais borné, sent ses limites et s'y renferme, trouve dans ces limites la notion de son âme et celle de l'auteur de son être, sans pouvoir passer au-delà pour rendre ces notions claires, et contempler d'aussi près l'une et l'autre que s'il était lui-même un pur esprit. Alors, saisi de respect, il s'arrête et ne touche point au voile, content de savoir que l'être immense est dessous. Voilà jusqu'où la philosophie est utile à la pratique ; le reste n'est plus qu'une spéculation oiseuse pour laquelle l'homme n'a point été fait, dont le raisonneur modéré s'abstient, et dans laquelle n'entre point l'homme vulgaire. Cet homme, qui n'est ni une brute, ni un prodige, est l'homme proprement dit, moyen entre les deux extrêmes, et qui compose les dix-neuf vingtièmes du genre humain ; c'est à cette classe nombreuse de chanter le psaume *Cœli enarrant*, et c'est elle, en effet, qui le chante. Tous les peuples de la terre connaissent et adorent Dieu ; et, quoique chacun l'habille à sa mode, sous tous ces vêtements divers on trouve pourtant toujours Dieu. Le petit nombre d'élite, qui a de plus hautes prétentions de doctrine, et dont le génie ne se borne pas au sens commun, en veut un plus transcendant, ce n'est pas de quoi je le blâme ; mais qu'il parte de là pour se mettre à la place du genre humain, et dise que Dieu s'est caché aux hommes parce que lui, petit nombre, ne le voit plus, je trouve en cela qu'il a tort. Il peut arriver, j'en conviens, que le torrent de la mode et le jeu de l'intrigue étendent la secte philosophique et persuadent un moment à la multitude qu'elle ne croit plus en Dieu ; mais cette mode passagère ne peut durer, et, comme qu'on s'y prenne, il faudra toujours à la longue un Dieu à l'homme ; enfin quand, forçant la nature des choses, la divinité augmenterait pour nous d'évidence, je ne doute pas que dans le nouveau lycée on n'augmentât en même raison de subtilité pour la nier. La raison prend à la longue le pli que le cœur lui donne ; et quand on veut penser en tout autrement que le peuple, on en vient à bout tôt ou tard.

» Tout ceci, monsieur, ne vous paraît guère

philosophique, ni à moi non plus; mais, toujours de bonne foi avec moi-même, je sens se joindre à mes raisonnements, quoique simples, le poids de l'assentiment intérieur. Vous voulez qu'on s'en défie; je ne saurais penser comme vous sur ce point, et je trouve, au contraire, dans ce jugement interne, une sauvegarde naturelle contre les sophismes de ma raison. Je crains même qu'en cette occasion vous ne confondiez les penchants secrets de notre cœur qui nous égarent avec ce dictamen plus secret, plus interne encore, qui réclame et murmure contre ses décisions intéressées, et nous ramène en dépit de nous sur la route de la vérité. Ce sentiment intérieur est celui de la nature elle-même; c'est un appel de sa part contre les sophismes de la raison; et ce qui le prouve est qu'il ne parle jamais plus fort que quand notre volonté cède avec le plus de complaisance aux jugements qu'il s'obstine à rejeter. Loin de croire que qui juge d'après lui soit sujet à se tromper, je crois que jamais il ne nous trompe, et qu'il est la lumière de notre faible entendement lorsque nous voulons aller plus loin que ce que nous pouvons concevoir...

» Eh! qui ne sait que sans le sentiment interne il ne resterait bientôt plus de trace de vérité sur la terre, que nous serions tous successivement le jouet des opinions les plus monstrueuses, à mesure que ceux qui les soutiendraient auraient plus de génie, d'adresse et d'esprit, et qu'enfin, réduits à rougir de notre raison même, nous ne saurions bientôt plus que croire ni que penser? »

Si nous ajoutons que Rousseau avoue, en terminant cette lettre, « que les formules en matière de foi ne lui paraissent qu'autant de chaînes d'iniquité, de fausseté, d'hypocrisie et de tyrannie, » nous serons en droit de dire que rien ne saurait mieux résumer sa philosophie.

Mettre en liberté l'âme humaine, développer les instincts d'imitation bien moins que le caractère propre à chaque individu ; augmenter la variété, la spontanéité, conserver en un mot et développer les individualités créées par Dieu lui-même, voilà toute la pensée de Jean-Jacques. Peut-être oublia-t-il trop que les âmes s'éveillent au contact des âmes, que l'esprit a besoin de tradition, d'information, de communications morales ; mais cette erreur naquit de son désir de ne plus voir les théologiens et les pédants nous désapprendre à penser en nous imposant, sur la nature, sur Dieu, et jusque sur nous-mêmes, leurs propres décisions. L'homme a reçu en naissant tout ce qu'il lui faut pour trouver précisément la parcelle de vérité qui lui est propre ; toute autre théologie ou philosophie que la sienne lui serait funeste. Aristote et Platon, forçant un paysan à penser comme eux sur ce monde et sur son auteur, seraient à la fois ridicules et cruels.

Ces pensées de liberté absolue, que Jean-Jacques avait propagées et défendues au milieu des orages, lui revenaient maintenant avec une sérénité qui, loin de les affaiblir, les rendait plus puissantes. Aussi avait-il fait une chose très sage en se ménageant vers la fin de sa vie quelques jours de calme et de réflexion solitaire. Il avait à peu près suspendu toute publication, mais sa pensée n'en planait pas moins sur l'Europe, et les quelques pages qui lui échappaient encore dans cette situation singulière ont à la fois une force et un charme irrésistibles. Il eût été assurément le plus heureux des hommes, si des souvenirs pénibles ne lui fussent restés, auxquels il fait quelquefois lui-même de douloureuses allusions ; mais il sent, du reste, que quelque chose en lui vaut mieux que ses actions, et qu'il en est de même de tous les hommes. Il se réfugie en lui-même et en Dieu, et retrouve avec l'espérance une ineffable félicité. Il rédige alors les *Rêveries du Promeneur solitaire*, où seront exaltés les charmes les plus mystérieux de la nature. Quelle âme ne s'est attendrie aux tableaux qu'il nous a laissés des forêts d'automne ou des magnificences du ciel ! Quel charme ! quelle fraîcheur ! quel coloris ! A quelle félicité s'est élevée cette âme pour nous créer de tels enchantements !

Cependant, vers ses dernières années, l'auteur de l'*Héloïse*, de l'*Emile*, du *Vicaire savoyard* et du *Contrat social* était, disait-on, devenu fou. Voltaire le crut comme les autres, et se moqua quelquefois des bizarreries de Rousseau. Mais d'Alembert, écrivant au *patriarche*, lui fait cette réponse admirable et touchante : « Jean-Jacques est un malade de beaucoup d'esprit, et qui n'a d'esprit que quand il a la fièvre. Il ne faut ni le guérir, ni l'outrager. »

Malgré les fréquents intervalles de sérénité,

les dernières années de Rousseau sont un drame terrible. Aussi, à cette époque, toute rhétorique est finie. Il écrit ses dernières *Rêveries* sans savoir plus seulement s'il est encore de ce monde. Ce n'est plus la voix de l'heureux et calme M. Renou; c'est la voix de l'esclave, la voix du prolétaire. Aussi, ses meilleurs amis le croient atteint de démence. *Qu'a-t-il?* C'est la question universelle; et nul n'a compris que cette âme porte en elle les douleurs et les misères d'un monde. Lui-même sent très bien et avoue que cette voix qui gronde en lui n'est plus sa voix. Il s'écrie, il demande grâce à ces souffles terribles de révolte. Mais Dieu l'a voulu! il sera l'interprète de tous ceux qui, sans abri, sans secours, sans pain, sans lumière, sans amis, traînent une vie vagabonde et misérable. De là sans doute cette perpétuelle vision d'un *complot* pour l'anéantir. *Quel complot? il est fou,* s'écrie-t-on. Mais sa voix est celle de la Révolution, et son âme porte le poids de toutes les résistances. Voilà pourquoi l'écrivain était si différent de l'homme, pourquoi lui-même faisait des vœux si sincères pour ne plus écrire, pour ne plus discuter; voilà pourquoi, retiré dans l'île Saint-Pierre, il emballe et enferme ses livres dans d'énormes bahuts pour ne plus les voir. Il ne veut plus que causer avec les bonnes gens de l'île, n'a plus d'autres occupations que de cueillir des fleurs, de se promener en bateau et de jouer tranquillement de l'épinette dans les jours de pluie. Il croit lui-même qu'il n'écrira plus; il s'en réjouit comme un enfant... Mais tout à coup ses soufiles reviennent ; il voudrait se cacher sous terre. N'a-t-il pas, grand Dieu ! assez écrit, assez empli le monde de bruit et de scandale ? Les voix redoublent au dedans de lui-même. Il faut qu'il r'ouvre ses coffres. En vain, il avait défendu qu'il y eut de l'encre dans sa maison : il emprunte l'encrier du receveur de l'île, écrit cent pages, les lance, et la terre en est ébranlée. Rien ne lui coûte : cris, menaces, injures, persécutions ; il brave jusqu'au ridicule. Il n'écrit pas seulement pour se soulager lui-même, il faut que sa parole à l'instant se répande ; il faut trouver un moyen pour que tous les yeux, dès le premier moment, soient fixés à tout prix sur ce livre, l'auteur en dût-il mourir, être hué et honni à jamais. Il ne s'agit plus de Jean-Jacques : il n'est que l'éditeur, que le propagateur de la parole sacrée. Il se dévoue à ce rôle, sans restriction, sans réserve. Vêtu en Arménien, il dépose un de ses manuscrits sur le maître-autel de Notre-Dame. Jugez si voilà le livre à l'instant dans toutes les mains ! On crie au scandale, à la démence ; on le lapide, on emplit sa maison de pierres. Il lui faut, comme un malfaiteur, prendre la fuite ; mais que lui importe ? le livre se lit, se répand et brûle le vieux monde ! Et Rousseau, au milieu de la calomnie universelle, pauvre, fugitif, malade, brisé d'efforts, écrit avec une douceur divine qu'il ne faut pas qu'on le plaigne, qu'il est le plus heureux, le plus riche et le plus puissant de tous les hommes. Et nul, leur dit-il encore, n'a fait son devoir plus courageusement que moi, et nul, dans l'autre vie, n'espère plus que moi du juge suprême un sourire d'approbation.

Dans le même temps, Voltaire, au fond de ses déserts, répète : « Nous arrivons à la terre promise ; mais je ne la verrai pas. Je meurs... Jouissez, mes amis, du spectacle que j'ai préparé pendant soixante ans, et auquel je ne puis assister avec vous. Je m'éteins ; j'ai quatre-vingt-quatre ans, quatre-vingt-quatre entreprises accablantes pour un pauvre vieillard, et quatre-vingt-quatre maladies ; mais, en mourant, je peux dire comme le vieux Lusignan :

Mon Dieu, j'ai combattu soixante ans pour ta gloire !

Ainsi s'approchaient de leur tombe les deux grands philosophes ! Bénis et consolés dans leur âme, ils bénissaient la terre, et leur parole allait créer un monde.

NOTES

(1) LA MULE DU PAPE.

Frères très chers, on lit dans saint Mathieu
Qu'un jour le diable emporta le bon Dieu
Sur la montagne, et puis, lui dit : Beau sire,
Vois-tu ces mers, vois-tu ce vaste empire,
L'Etat romain, de l'un à l'autre bout?
L'autre reprit : Je ne vois rien du tout.
Votre montagne en vain serait plus haute.
Le diable dit : Mon ami, c'est ta faute.
Mais avec moi veux-tu faire un marché?
Oui-dà, dit Dieu, pourvu que, sans péché,
Honnêtement nous arrangions la chose.
Or, voici donc ce que je te propose,
Reprit Satan : Tout le monde est à moi,
Depuis Adam j'en ai la jouissance;
Je me démets, et tout sera pour toi
Si tu me veux faire la révérence.

Notre Seigneur, ayant un peu rêvé,
Dit au démon que, quoiqu'en apparence
Avantageux le marché fût trouvé,
Il ne pouvait le faire en conscience,
Car il avait appris, dans son enfance,
Qu'étant si riche on fait mal son salut.

Un temps après, notre ami Belzébut
Alla dans Rome. Or, c'était l'heureux âge
Où Rome avait fourmilière d'élus.
Le pape était un pauvre personnage,
Pasteur de gens, évêque, et rien de plus.
L'Esprit malin s'en va droit au saint-père,
Dans son taudis l'aborde, et lui dit : Frère,
Je te ferai, si tu veux, grand seigneur.
A ce seul mot, l'ultramontain pontife
Tombe à ses pieds et lui baise la griffe.
Le farfadet, d'un air de sénateur,
Lui met au chef une triple couronne :
Prenez, dit-il, ce que Satan vous donne ;
Servez-le bien, vous aurez sa faveur.

O papegots! voilà la belle source
De tous vos biens, comme savez. Et pour ce
Que le saint-père avait en ce tracas
Baisé l'ergot de messer Satanas,
Ce fut, depuis, chose à Rome ordinaire
Que l'on baisât la mule du saint-père.
Ainsi l'ont dit les malins huguenots,
Qui du papisme ont blasonné l'histoire ;
Mais ces gens-là sentent bien les fagots,
Et, grâce au ciel, je suis loin de les croire.

Que s'il advient que ces petits vers-ci
Tombent ès mains de quelque galant homme
C'est bien raison qu'il ait quelque souci
De les cacher s'il fait voyage à Rome.

---

(2) LES FINANCES.

Quand Terrai nous mangeait, un honnête bourgeois,
Lassé des contre-temps d'une vie inquiète,
Transplanta sa famille au pays champenois :
Il avait près de Reims une obscure retraite ;
Son plus clair revenu consistait en bon vin.

Un jour qu'il arrangeait sa cave et son ménage.
Il fut dans sa maison visité d'un voisin,
Qui parut à ses yeux le seigneur du village ;
Cet homme était suivi de brillants estafiers.
Sergents de la finance habillés en guerriers.
Le bourgeois fit à tous une humble révérence.
Du meilleur de son cru prodigua l'abondance ;
Puis il s'enquit tout bas quel était le seigneur
Qui faisait aux bourgeois un tel excès d'honneur.

— Je suis, dit l'inconnu, dans les fermes nouvelles.
Le royal directeur des *aides* et *gabelles*.
— Ah ! pardon, monseigneur ! quoi, vous *aidez* le roi ?
— Oui, l'ami... — Je révère un si sublime emploi :
Le mot d'*aide* s'entend ; *gabelles* m'embarrasse.
D'où vient ce mot ? — D'un juif appelé Gabelus...
— Ah ! d'un juif ! Je le crois. — Selon les nobles *us*
De ce peuple divin, dont je chéris la race,
Je viens prendre chez vous les *droits* qui me sont dus
J'ai fait quelques progrès, par mon expérience.
Dans l'art de *travailler un royaume en finance.*
Je fais loyalement deux parts de votre bien :
La première est au roi, qui n'en retire rien :
La seconde est pour moi. Voici votre mémoire.
Tant pour les brocs de vin qu'ici nous avons bus;
Tant pour ceux qu'aux marchands vous n'avez point vendus,
Et pour ceux qu'avec vous nous comptons encor boire ;
Tant pour le sel marin duquel nous présumons
Que vous deviez garnir vos savoureux jambons.
Vous ne l'avez point pris et vous deviez le prendre.
Je ne suis point méchant et j'ai l'âme assez tendre :
Composons s'il vous plaît. Payez dans ce moment
Deux mille écus tournois par accommodement.

Mon badaud écoutait d'une mine attentive
Ce discours éloquent qu'il ne comprenait pas,
Lorsqu'un autre seigneur en son logis arrive,
Lui fait son compliment, le serre entre ses bras :
Que vous êtes heureux ! Votre bonne fortune,
En pénétrant mon cœur, à nous deux est commune.
Du *domaine* royal je suis le *contrôleur :*

J'ai su que depuis peu vous goûtez le bonheur
D'être seul héritier de votre vieille tante.
Vous pensiez n'y gagner que mille écus de rente ;
Sachez que la défunte en avait trois fois plus.
Jouissez de vos biens, par mon savoir accrus.
Quand je vous enrichis, souffrez que je demande,
Pour vous être trompé, dix mille francs d'amende. »

Aussitôt ces messieurs, discrètement unis,
Font des biens au soleil un petit inventaire,
Saisissent tout l'argent, démeublent le logis.
La femme du bourgeois crie et se désespère ;
Le maître est interdit ; la fille est tout en pleurs ;
Un enfant de quatre ans joue avec les voleurs,
Heureux pour quelque temps d'ignorer sa disgrâce !

Son aîné, grand garçon revenant de la chasse,
Veut secourir son père, et défend sa maison :
On les prend, on les lie, on les mène en prison ;
On les juge, on en fait de nobles argonautes,
Qui, du port de Toulon devenus nouveaux hôtes,
Vont ramer pour le roi vers la mer de Cadix.
La pauvre mère expire en embrassant son fils :
L'enfant abandonné gémit dans l'indigence :
La fille sans secours est servante à Paris.
C'est ainsi qu'on *travaille un royaume en finance*.

L'aventure rapportée dans ce conte était réellement arrivée à la famille d'Antoine Fusigat.

—

(3) Des pages comme les suivantes, empruntées à l'*Emile*, étaient alors fort nouvelles : de nos jours on en admire encore le style ; il en faudrait admirer surtout l'inspiration plébéienne : il y circule un souffle d'égalité et de cordialité fraternelle entre toutes

les classes, qui fut le vrai trait caractéristique de Jean-Jacques :

« Comme je serais peuple avec le peuple, je serais campagnard aux champs ; et, quand je parlerais d'agriculture, le paysan ne se moquerait pas de moi. Je n'irais pas bâtir une ville en campagne, et mettre au fond d'une province les Tuileries devant mon appartement. Sur le penchant de quelque agréable colline bien ombragée j'aurais une petite maison rustique, une maison blanche avec des contrevents verts ; et, quoique une couverture de chaume soit en toute saison la meilleure, je préférerais magnifiquement, non la triste ardoise, mais la tuile, parce qu'elle a l'air plus propre et plus gai que le chaume, qu'on ne couvre pas autrement les maisons de mon pays, et que cela me rappellerait un peu l'heureux temps de ma jeunesse. J'aurais pour cour une basse-cour, et pour écurie une étable avec des vaches, pour avoir du laitage que j'aime beaucoup. J'aurais un potager pour jardin, et pour parc un joli verger. Les fruits, à la discrétion des promeneurs, ne seraient ni comptés, ni cueillis par mon jardinier, et mon avare magnificence n'étalerait point aux yeux des espaliers superbes auxquels à peine on osât toucher. Or, cette petite prodigalité serait peu coûteuse, parce que j'aurais choisi mon asile dans quelque province éloignée où l'on voit peu d'argent et beaucoup de denrées, et où règnent l'abondance et la pauvreté.

» Là, je rassemblerais une société plus choisie que nombreuse d'amis aimant le plaisir et s'y connaissant, de femmes qui pussent sortir de leur fauteuil, et se prêter aux jeux champêtres, prendre quelquefois, au lieu de la navette et des cartes, la ligne, les gluaux, le rateau des faneuses, et le panier des vendangeurs. Là, tous les airs de la ville seraient oubliés, et, devenus villageois au village, nous nous trouverions livrés à des foules d'amusements divers qui ne nous donneraient chaque soir que l'embarras du choix pour le lendemain. L'exercice et la vie active nous feraient un nouvel estomac et de nouveaux goûts. Tous nos repas seraient des festins, où l'abondance plairait plus que la délicatesse. La gaieté, travaux rustiques, les folâtres jeux, sont les premiers cuisiniers du monde, et les ragoûts fins sont bien ridicules à des gens en haleine depuis le lever du soleil. Le service n'aurait pas plus d'ordre que d'élégance; la salle à manger serait partout, dans le jardin, dans un bateau, sous un arbre; quelquefois au loin, près d'une source vive, sur l'herbe verdoyante et fraîche, sous les touffes d'aunes et de coudriers; une longue procession de gais convives porterait en chantant l'apprêt du festin; on aurait le gazon pour table et pour chaise, les bords de la fontaine serviraient de buffet, et le dessert pendrait aux arbres; les mets seraient servis sans ordre, l'appétit dispenserait des façons; chacun, se préférant ouvertement à tout autre, trouverait bon que tout autre se préférât de même à lui : de cette familiarité cordiale et modérée naîtrait, sans grossièreté, sans fausseté, sans contrainte, un conflit badin plus charmant cent fois que la politesse, et plus fait pour lier les cœurs. Point d'importun laquais épiant nos discours, critiquant tout bas nos maintiens, comptant nos morceaux d'un œil avide, s'amusant à nous faire attendre à boire, et murmurant d'un trop long dîner. Nous serions nos valets pour être nos maîtres; chacun serait servi par tous; le temps passerait sans le compter, le repas serait le repos, et durerait autant que l'ardeur du jour. S'il passait près de nous quelque paysan retournant au travail, ses outils sur l'épaule, je lui réjouirais le cœur par quelques bons propos, par quelques coups de bon vin, qui lui feraient porter plus gaiement sa misère; et moi j'aurais aussi le plaisir de me sentir émouvoir un peu les entrailles, et de me dire en secret : Je suis encore homme.

» Si quelque fête champêtre rassemblait les habitants du lieu, j'y serais des premiers avec ma troupe; si quelques mariages, plus bénis du ciel que ceux des villes, se faisaient à mon voisinage, on saurait que j'aime la joie, et j'y serais invité. Je porterais à ces bonnes gens quelques dons simples comme eux, qui contribueraient à la fête; et j'y trouverais en échange des biens d'un prix inestimable, des biens si peu [illegible] de mes égaux, la franchise et le vrai plaisir. Je souperais gaîment au bout de leur longue table : j'y ferais chorus au refrain d'une vieille chanson rustique, et je danserais dans leur grange de meilleur cœur qu'au bal de l'Opéra. »

(*Emile*, livre IV.)

Qui n'a lu, dans les *Rêveries du promeneur solitaire* (2e promenade), cette page unique?

« Le jeudi 24 octobre 1776, je suivis après dîner les boulevards jusqu'à la rue du Chemin-Vert, par laquelle je gagnai les hauteurs de Ménilmontant, et de là, prenant les sentiers à travers les vignes et les prairies, je traversai jusqu'à Charonne le riant paysage qui sépare ces deux villages ; puis je fis un détour pour revenir par les mêmes prairies, en prenant un autre chemin. Je m'amusais à les parcourir avec ce plaisir et cet intérêt que m'ont toujours donnés les sites agréables, et m'arrêtant quelquefois à fixer des plantes dans la verdure. J'en aperçus deux que je voyais assez rarement autour de Paris, et que je trouvai très abondantes dans ce canton-là. L'une est le *picris hieracioïdes*, de la famille des composées, et l'autre le *bupleruum falcatum*, de celle des ombellifères. Cette découverte me réjouit et m'amusa très longtemps.....

» La nuit s'avançait : j'aperçus le ciel, quelques étoiles et un peu de verdure. Cette première sensation fut un moment délicieux. Je ne me sentais encore que par-là. Je naissais dans cet instant à la vie, et il me semblait que je remplissais de ma légère existence tous les objets que j'apercevais..... »

TABLE DES MATIÈRES

FIN.

A nos Souscripteurs.

Avec ce volume finissent nos engagements envers ceux de nos amis qui ont bien voulu honorer la *Bibliothèque utile* de leur souscription. Ce sympathique concours lui a permis de naître et de grandir, et désormais c'est à la librairie que nous nous en remettons du soin de sa propagande. Dans cette nouvelle voie, nos souscripteurs pourront encore nous aider avec fruit, soit en achetant ou faisant acheter les volumes qui suivront celui-ci, soit en conseillant autour d'eux l'acquisition de notre Collection pour les bibliothèques privées ou publiques. Nous comptons sur la continuation de leur aide bienveillante, et nous les remercions avec gratitude de nous avoir facilité la fondation d'une œuvre dont l'importance et les résultats civilisateurs deviendront de plus en plus sensibles.

H. L.

Outre les 32 volumes dont l'indication se trouve au verso de la couverture de celui-ci, nous préparons la publication des travaux promis à la *Bibliothèque utile* par un grand nombre d'écrivains, et notamment par MM. H. Carnot, Henri Martin, Hédouin, Héron, de Ronchaud, Guémied, Daniel Stern, G. Sand, Victor Meunier, Ch. Richard, Ortolan, Garnier-Pagès, Jules Simon, Vacherot, Hérold, Ubicini, Ulbach et Leblois.

Paris. — Imprimerie Dubuisson et Ce, 5, rue Coq-Héron.

www.ingramcontent.com/pod-product-compliance
Ingram Content Group UK Ltd.
Pitfield, Milton Keynes, MK11 3LW, UK
UKHW020246180726
13839UKWH00001B/212

9 782329 356716